ŒUVRES COMPLÈTES

D'ALEXANDRE DUMAS

L'ARABIE HEUREUSE

ŒUVRES COMPLÈTES D'ALEXANDRE DUMAS

PUBLIÉES DANS LA COLLECTION MICHEL LÉVY

Acté ... 1
Amaury ... 1
Ange Pitou ... 2
Ascanio ... 2
Une Aventure d'amour ... 1
Aventures de John Davys ... 2
Les Baleiniers ... 2
Le Bâtard de Mauléon ... 3
Black ... 1
Les Blancs et les Bleus ... 3
La Bouillie de la comtesse Berthe ... 1
La Boule de neige ... 1
Bric-à-Brac ... 1
Un Cadet de famille ... 3
Le Capitaine Pamphile ... 1
Le Capitaine Paul ... 1
Le Capitaine Rhino ... 1
Le Capitaine Richard ... 1
Catherine Blum ... 1
Causeries ... 2
Cécile ... 1
Charles le Téméraire ... 2
Le Chasseur de sauvagine ... 1
Le Château d'Eppstein ... 2
Le Chev. d'Harmental ... 2
Le Chevalier de Maison-Rouge ... 2
Le Collier de la reine ... 3
La Colombe ... 1
Les Compagnons de Jéhu ... 3
Le comte de Monte-Cristo ... 6
La Comtesse de Charny ... 6
La Comtesse de Salisbury ... 2
Les Confessions de la marquise ... 2
Conscience l'Innocent ... 2
Création et Rédemption :
— Le Docteur mystérieux ... 2
— La Fille du marquis ... 2
La Dame de Monsoreau ... 3
La Dame de volupté ... 2
Les Deux Diane ... 2
Les Deux Reines ... 2
Dieu dispose ... 2
Les Drames galants. — La marquise d'Escoman ... 2
Le Drame de Quatre-Vingt-Treize ... 3
Les Drames de la mer ... 1
Emma Lyonna ... 5
La Femme au collier de velours ... 1
Fernande ... 1
Une Fille du régent ... 1
Filles, Lorettes et Courtisanes ... 1
Le Fils du forçat ... 1
Les Frères corses ... 1
Gabriel Lambert ... 1
Les Garibaldiens ... 1
Gaule et France ... 1
Georges ... 1
Gil Blas en Californie ... 1
Les Grands Hommes en robe de chambre :
— César ... 2
— Henri IV, Richelieu, Louis XIII ... 2
La Guerre des femmes ... 2
Histoire d'un casse-noisette ... 1
L'Homme aux contes ... 1
Les Hommes de fer ... 1
L'Horoscope ... 1
L'Ile de feu ... 2
Impressions de voyage :
— Une année à Florence ... 1
— L'Arabie Heureuse ... 3
— Les Bords du Rhin ... 1
— Le Capitaine Arena ... 1
— Le Caucase ... 3
— Le Corricolo ... 2
— Le Midi de la France ... 1
— De Paris à Cadix ... 2
— Quinze jours au Sinaï ... 2
— En Russie ... 4
— En Suisse ... 3
— Le Speronare ... 2
— La Villa Palmieri ... 1
— Le Véloce ... 2
Ingénue ... 2
Isaac Laquedem ... 2
Isabel de Bavière ... 2
Italiens et Flamands ... 2
Ivanhoe de Walter Scott (trad.) ... 2
Jacques Ortis ... 1
Jacquot sans oreilles ... 1
Jane ... 1
Jehanne la Pucelle ... 1
Louis XIV et son Siècle ... 4
Louis XV et sa Cour ... 2
Louis XVI et la Révolution ... 2
Les Louves de Machecoul ... 3
Madame de Chamblay ... 2
La Maison de glace ... 1
Le Maître d'armes ... 1
Les Mariages du père Olifus ... 1
Les Médicis ... 1
Mes Mémoires ... 10
Mémoires de Garibaldi ... 2
Mémoires d'une aveugle ... 2
Mém. d'un médecin : J. Balsamo ... 5
Le Meneur de loups ... 1
Les Mille et un Fantômes ... 1
Les Mohicans de Paris ... 4
Les Morts vont vite ... 2
Napoléon ... 1
Une Nuit à Florence ... 1
Olympe de Clèves ... 3
Le Page du duc de Savoie ... 2
Parisiens et Provinciaux ... 2
Le Pasteur d'Ashbourn ... 2
Pauline et Pascal Bruno ... 1
Un Pays inconnu ... 1
Le Père Gigogne ... 2
Le Père la Ruine ... 1
Le Prince des Voleurs ... 2
La Princesse de Monaco ... 2
La Princesse Flora ... 1
Les Quarante-Cinq ... 3
Propos d'art et de cuisine ... 1
La Régence ... 1
La Reine Margot ... 2
Robin Hood le Proscrit ... 2
La Route de Varennes ... 1
Le Salteador ... 1
Salvator (suite et fin des Mohicans de Paris) ... 5
La San-Felice ... 4
Souvenirs d'Antony ... 1
Souvenirs d'une favorite ... 4
Les Stuarts ... 1
Sultanetta ... 1
Sylvandire ... 1
La Terreur prussienne ... 1
Le Testament de M. Chauvelin ... 1
Théâtre complet ... 25
Trois Maîtres ... 1
Les Trois Mousquetaires ... 2
Le Trou de l'Enfer ... 1
La Tulipe noire ... 1
Le Vte de Bragelonne ... 6
La Vie au désert ... 2
Une Vie d'artiste ... 1
Vingt Ans après ... 3

L'ARABIE HEUREUSE

SOUVENIRS DE VOYAGES EN AFRIQUE ET EN ASIE

PAR

HADJI-ABD-EL-HAMID BEY

PUBLIÉS PAR

ALEXANDRE DUMAS

I

NOUVELLE ÉDITION

PARIS
CALMANN LÉVY, ÉDITEUR
ANCIENNE MAISON MICHEL LÉVY FRÈRES
3, RUE AUBER, 3

1884

L'ARABIE HEUREUSE

I

.... Au retour de mon pèlerinage à la Mecque, je m'embarquai donc à Djedda, un des ports de la mer Rouge, le 15 septembre 1843, sur un *boutre* (chasse-marée arabe) en destination pour Abou-Arich, résidence habituelle du chérif de l'Yemen. Ce boutre appartenait à Reïs-Ali, un des plus riches négociants de Djedda. Reïs-Ali avait reçu des ordres du chérif pour qu'il mît ce petit bâtiment à ma disposition.

J'avais quitté la Mecque, riche relativement : j'emportais trente-cinq à quarante mille francs, somme qui en Arabie équivaut à celle de cent vingt mille francs en France. Elle provenait de mes appointements comme *bey*, et surtout comme médecin, quoique en cette dernière qualité je ne demandasse jamais rien. Mais on allait, par les cadeaux, au delà de mes désirs, les uns m'envoyant des armes, les autres des diamants, les autres des bijoux, quelques-uns de l'argent.

Puis ma dépense à la Mecque était à peu près nulle.

Avec mes deux domestiques, mes dix chevaux, mon portier et un petit esclave, je n'ai jamais pu dépenser plus de trente francs par mois, c'est-à-dire, toujours pour garder la proportion, quelque chose comme cent vingt francs.

Au moment du départ, j'avais réalisé tout ce qui était réalisable. Excepté mes diamants que je portais sous l'aisselle enfermés dans une petite sacoche de peau, j'avais vendu ce que j'avais de trop en armes, en costumes, en meubles.

J'affectais l'air d'un simple pèlerin. En Orient, lorsqu'on voyage surtout, il ne faut point paraître trop riche, principalement lorsqu'on ne voyage pas avec un caractère officiel.

En arrivant sur le boutre, je trouvai mon campement tout préparé. On avait d'abord voulu, pour me faire honneur, me donner la dunette, mais je savais trop que je ne l'habiterais pas seul pour accepter cette distinction. Mes tapis étaient donc étendus sur un cadre près de la boussole.

J'avais mon petit nègre qui était chargé du département des pipes. Il s'appelait Bellâl.

J'avais en outre mes deux domestiques, Sélim et Mohammed. Sélim était cuisinier et chargé de l'intérieur de la maison. Mohammed avait soin de mes chevaux et faisait mes courses. Tous les deux étaient Arabes; seulement, Sélim, qui avait été longtemps au Caire, où je l'avais engagé, parlait parfaitement le turc. C'était mon confident. Il était très-adroit, très-insinuant et très-discret. Cette dernière qualité est inappréciable chez un Arabe, à cause de sa rareté. Ces gens-là sont toujours causeurs comme au temps des *Mille et une Nuits*.

Quant à Mohammed, c'était l'Arabe vulgaire dans toute l'acception du mot. Son seul mérite était son aptitude à soigner les chevaux.

Ces deux hommes et Bellâl composaient toute ma suite.

Ce dernier était un petit nègre Zanguébarien. Il avait été pris dans les environs de Monbaz, petite ville située sur la côte du Zanguebar, et qui fait partie des États de l'imam de Mascate. Il était très-fin, très-intelligent, et je dirai presque qu'il avait quelque chose de distingué dans les manières. Cette distinction, et ce que je pus tirer de ses souvenirs, me portaient à croire qu'il était le fils de quelque chef. Il avait les goûts les plus aristocratiques : il aimait les chevaux, les armes, les bijoux, et surtout la musique; je pourrais même dire qu'il était l'inventeur d'un instrument : il s'était fait un arc mélodieux : une corde à boyaux, extrêmement tendue, faisait les frais de ce luth à une corde. La nuit, au clair de la lune, il se posait comme un barde, et tirait de son arc trois ou quatre notes différentes qui se perdaient en gémissant dans le bruissement des vagues. Cela avait quelque chose de mélancolique qui plaisait à Bellâl et à l'équipage, et qui ne me déplaisait pas. Toutes les nuits, à l'heure fixe, aussitôt la prière du soir terminée, il passait à l'avant du navire, là où la proue brise les flots, et se mettait à pincer sa corde. Cela durait jusqu'à minuit.

Mais ses auditeurs les plus assidus étaient les dorades et les dauphins, qui jouaient à l'avant du bâtiment, et qui, bien certainement, eussent renouvelé l'histoire d'Amphion si Bellâl fût tombé à la mer.

Les musulmans ne doutaient pas que tous ces poissons ne vinssent là pour écouter Bellâl. Cette croyance avait dans leur esprit d'autant plus de fondement que, pour eux, les dauphins sont des sirènes.

A minuit, la musique de Bellâl cessait et était remplacée par un concert de grillons qui avaient leur logement dans les trous de la cale. A minuit, on s'endormait insensiblement, à l'exception des hommes de quart et de vedette, qui se tenaient à l'avant, et qui, invisibles à l'extérieur, exploraient la mer à des distances inouïes.

En Nubie, j'avais eu un exemple non moins étonnant de cette acuité de l'œil, ou plutôt de cet instinct qui a quelque chose de celui du chien de chasse. Un Nubien rejoindra un voleur à quelque distance qu'il soit, du moment où il est mis sur la trace de son pied.

De temps en temps, au milieu de l'obscurité, on croisait de petits bâtiments qui passaient silencieux avec une flamme à l'avant du navire.

C'est une double précaution pour éviter les bancs de corail et les rencontres de bâtiments.

En outre, cette flamme, entretenue avec soin, empêche d'abord l'individu qui l'entretient de s'endormir, et ensuite indique aux pirates que l'on est sur ses gardes. Car ces veilleurs de nuit ne sont placés là qu'en vue des pirates, qui, déguisés en pêcheurs, ou plutôt qui sont des pêcheurs, cumulant ces deux états, dévalisent en un tour de main le bâtiment qui a le malheur de s'endormir.

Une nuit, nous vîmes un bâtiment qui avait l'air de se conduire tout seul. Le feu de ce bâtiment était éteint. Le navire gouvernait droit sur des récifs; nous le hélâmes pour le prévenir du danger qu'il courait. Personne ne nous répondit, et le bâtiment alla heurter un banc de corail.

Deux hommes sautèrent dans la chaloupe qui nous suivait à la prolonge, et gouvernèrent sur le bâtiment. Le bâtiment était vide, taché de sang et pillé. Reïs-Ali déclara que c'était l'œuvre des pirates, qui, de peur d'être découverts, avaient laissé le bâtiment suivre son chemin, après avoir tué les hommes, les femmes et les enfants, et pillé les marchandises.

La surveillance en redoubla à notre bord, non-seulement pour cette nuit-là, mais pour les nuits suivantes.

Pendant le jour, grâce à la chaleur étouffante qu'il faisait, on dormait bien autrement encore que la nuit. Les nègres seuls supportaient cette chaleur avec délices. Tandis que nous cherchions l'ombre partout où elle était, pour nous y réfugier, eux se couchaient au grand soleil, n'ayant pour toute couverture que la mousseline de leurs turbans qui leur servait de drap de lit ; de même que c'était leur seul abri contre le soleil, c'était aussi leur seule défense contre la rosée. D'autres s'amusaient à pêcher au trident. Le pêcheur, à cet effet, se plaçait à l'avant, lançait son trident retenu par une corde, et manquait rarement la bonite ou la dorade contre laquelle il était lancé.

D'autres se baignaient au milieu des requins.

La première fois que j'avais vu cet effrayant spectacle, j'eus la bonhomie de leur crier de prendre garde. Le capitaine me rassura.

— Bon ! me dit-il, sois tranquille, ils mangeront le requin avant que le requin ne les mange.

— En effet, les nègres m'ont toujours, dans mes traversées de la mer Rouge et de la mer des Indes, paru plus friands de requins que les requins friands de nègres. J'ai vu, au reste, plus d'un duel entre homme et requin, dans lequel l'homme était toujours vainqueur.

Ainsi, le nègre ne quitte jamais une espèce de bracelet en cuir qu'il porte au bras gauche ; à ce bracelet est attaché un large couteau recourbé. Quand il se sent flairer de trop près par le requin, le nègre tire son couteau et passe comme un éclair sous son ventre. Seulement, en passant, il lui a ouvert le ventre, quelquefois dans une longueur de trois ou quatre pieds. Le requin poursuit l'homme en traînant ses entrailles ; mais l'homme, qui nage aussi vite que lui, évite les effroyables coups de queue qui l'anéantiraient. Quant à la gueule, c'est le moindre de ses soucis. Il faut que le requin se retourne pour happer, et toujours il met dans ce mouvement une certaine lenteur. Pendant qu'il se retourne, l'homme a passé de l'autre côté du bâtiment, faisant quelquefois en passant une nouvelle victime. Les requins, blessés ainsi à mort, plongent et disparaissent comme la baleine. Mais tout blessés qu'ils sont, ils suivent sous l'eau le navire, souvent une heure, deux heures, trois heures ; après ils remontent à la surface. Alors ils ont perdu leur sang. A ce moment, on leur passe un nœud coulant au cou, on les laisse suspendus jusqu'à ce qu'ils soient bien morts; puis on les amène sur le pont, où on les dépèce, et où chacun tire au plus gros morceau.

Les uns font bouillir, les autres font frire, les autres enfin font sécher au soleil leur part.

La meilleure de ces trois préparations est exécrable. Cependant c'est la nourriture la plus habituelle des habitants de Mascate et de Zanzibar, et surtout des marins, pour qui c'est un morceau des plus délicieux.

Aussi, dès le lendemain de notre départ, comme deux nègres s'aperçurent que trois ou quatre requins folâtraient dans le sillage de notre boutre, ils jetèrent à la mer un hameçon avec une chaîne de fer, l'hameçon amorcé d'un morceau de suif. Cinq minutes après, un des requins se débattait à briser la chaîne. Heureusement, celle du boutre avait été mise à l'épreuve par des pêches du même genre. Aux cris poussés par le marin en vedette pour surveiller la ligne, cinq ou six de ses camarades accoururent et se mirent à tirer le squale. Ces hommes étaient naturellement les plus vigoureux, c'est-à-dire des nègres du Zanguébar. Rien n'eût été plus beau pour un peintre que la vue de ces colosses d'ébène aux muscles tendus comme ceux des lutteurs antiques.

Après quelques minutes d'efforts réunis, ils parvinrent à faire perdre au requin le point d'appui que lui offrait l'eau, et à lui donner une position verticale.

Un instant on laissa l'animal pendu ainsi pour lui donner le temps de se pâmer. C'était un beau requin bleu, un peu plus foncé que l'azur du ciel, de l'espèce de ceux que les Arabes nomment *elazerac* (peau bleue). Quant au requin, il s'appelle *damphir* en langue du Hedjaz. Après vingt minutes de suspension pendant lesquelles le drôle faisait le mort, on le hissa sur le pont en prévenant tout le monde de s'écarter. Mais la curiosité fut plus forte que la crainte du danger. On fit un grand cercle autour de l'animal, cercle qui s'élargit rapidement lorsque, se sentant de nouveau un point d'appui, grâce au pont du bâtiment, le requin se mit à jouer de la queue et à montrer en bâillant sa double rangée de crocs, inclinés en dedans de manière à ce qu'ils ne lâchent plus la proie, une fois la proie happée. La gueule, qui semble petite à première vue, prend, lorsqu'elle s'ouvre dans les convulsions de l'agonie, une effroyable dimension.

Cependant notre requin n'était pas de grande taille: il pouvait avoir huit ou neuf pieds. Les requins bleus ont jusqu'à douze pieds ; les requins blancs, quinze et même plus.

Dès le même jour, le requin fut dépecé, bouilli, frit, rôti.

J'avais la plus profonde répugnance pour ce mets. Sur les instances de Sélim, qui prétendait qu'il avait une manière de préparer le requin à m'en faire lécher les doigts, je me hasardai encore à goûter son ragoût. Sélim en fut pour ses oignons, son piment, son ail, son gingembre, son girofle, son huile et son vinaigre. A la première bouchée le cœur me leva. Pour ce jour-là, je dînai en regardant dîner les matelots. Il est vrai que ce jour-là ils dînèrent pour eux et pour moi.

Le requin y passa tout entier, à l'exception du foie, qu'ils conservent pour faire de l'huile. Un foie de requin contient de vingt-cinq à trente livres d'huile.

Cette huile leur servit à peindre le boutre, et, tout en peignant le navire, à se frictionner le corps. Grâce à ces frictions, les nègres infectent, mais ils peuvent rester nus au soleil. C'est aussi à ces frictions qu'ils doivent de pouvoir rester des heures entières à l'eau. C'est un reste du massage antique ; seulement les anciens se frottaient d'huile parfumée. Au reste, je défie Guerlain lui-même de parfumer l'huile que l'on trouve dans la mer Rouge et dans l'Yémen. Les seules huiles que l'on y récolte sont l'huile de palme, l'huile de sésame et l'huile de poisson.

Comme moi, Reïs-Ali avait un petit nègre attaché à son service particulier.

Je me trompe en le désignant sous le nom générique de nègre : c'était un Abyssin, marqué au type de la vieille Égypte. Son teint était olivâtre, son nez plutôt aquilin qu'aplati. Il avait les yeux grenat, doux comme du velours, et des lèvres européennes pour la forme, sinon pour la couleur.

Une particularité me frappa, c'est que l'Abyssin de Reïs-Ali portait le même nom que le nègre de Robinson Crusoé. Il s'appelait Djoûma, c'est-à-dire *Vendredi*. Je doute cependant que Reïs-Ali ait jamais lu le chef-d'œuvre de Daniel Foë.

Djoûma était à la fois le secrétaire, le valet de chambre et le garçon de confiance de Reïs-Ali; il avait la clef de toutes les armoires de son patron, jusqu'à celle de la caisse. Reïs-Ali qui, défiant comme tous les Arabes, avait des secrets pour son fils, n'en avait pas pour Djoûma; Djoûma était le favori le plus influent que j'aie jamais connu. Il se disait de Gondar et se donnait pour musulman. Peut-être, en effet, était-il de Gondar, mais à coup sûr il n'était pas musulman. Un musulman ne peut jamais être réduit en esclavage par un autre musulman. Seulement, lorsqu'un infidèle, quel qu'il soit, attend qu'il soit esclave pour se convertir, il reste esclave.

Mais qu'est-ce que l'esclavage chez les Arabes? L'esclave, chez l'Arabe, devient l'enfant de la famille, et souvent même, comme Djoûma, le maître de la maison. Djoûma n'eût pas échangé sa position d'esclave contre la liberté la plus étendue.

Quand l'esclave devient riche, il peut racheter sa liberté. Mais, s'il redevient pauvre, sa place est toujours marquée dans la famille, et non-seulement sa place à lui, mais celle de ses enfants. Si le maître, ce qui est rare, est mal pour lui, il réclame auprès des amis de son maître. Alors les amis adjurés par l'esclave invitent le maître à le vendre. Si le maître résiste, l'esclave s'adresse au cadi, qui intervient et l'oblige.

Il y a plus, si un musulman compte au nombre de ses femmes deux esclaves, si ces deux esclaves, de caractère opposé ou de nation différente, ne peuvent vivre ensemble, elles s'adressent d'abord aux amis, afin que le maître vende l'une d'elles. Sur son refus, elles, à leur tour, ont recours au cadi, qui tranche la question. Si le maître n'a eu d'enfant ni de l'une ni de l'autre, il peut les vendre indifféremment. Si l'une d'elles seulement n'a pas d'enfant de lui, c'est celle-là que le maître est forcé de vendre.

L'enfant né du maître est libre, et la mère, qui ne peut plus être vendue, ne reste esclave que de nom. Le maître venant à mourir, elle est libre tout à fait.

L'Arabe, qui sait si bien combien il est doux de ne rien faire, n'exige jamais de son esclave un travail au-dessus de ses forces. Il veille à ce que rien ne lui manque, et se prive parfois du nécessaire pour donner un peu plus de bien-être à son esclave ou à ses esclaves.

Maintenant il faut faire la part des défauts de l'esclave, qui sont souvent des défauts de race. Le *Cafre*, relativement aux autres, est presque idiot. Le *Magûa* est à peine au-dessus du Cafre comme intelligence, et, de plus, il est méchant. Les *Gengiroux* et les *Machidas* sont féroces. Les *Maracatos*, appelés *Bibis* à Bourbon, sont anthropophages. J'ai vu à Bourbon, conservée sous un verre, la tête d'un Bibi qui avait tué son enfant, l'avait fait cuire et l'avait mangé : tout ce qu'il avait gagné à la civilisation, c'était de ne pas le manger cru ; les *Fertits* et les *Niams-Niams* ne se fussent pas donné la peine de le faire cuire.

On comprend que ces différents défauts doivent modifier le bien-être de l'esclave qui, si jeune qu'il ait été pris, conserve ses instincts primitifs.

Les Nigritiens, par exemple, appelés *Takrouris* à la Mecque, sont habitués, femmes et hommes, à aller nus dans leur pays natal. Eh bien ! quelque part qu'ils soient transportés, le moindre vêtement les gêne, et ils tendent toujours à la nudité.

Revenons à Djoûma, qui, le troisième jour après notre départ, se roulait sur le pont en poussant des cris que j'entends encore. J'accourus à ses cris. Il avait la bave à la bouche, ses yeux étaient injectés de sang, ses dents étaient serrées à se briser. Je crus qu'il avait une attaque d'épilepsie ou de rage. Tous les autres l'entouraient et essayaient de le maintenir ; seulement, pour en arriver là, il fallait la force de quatre de nos hercules nègres. J'ai dit quelle avait été ma première impression. Mais, à la jambe de Djoûma, serrée fortement par une corde à la hauteur de la cheville et horriblement gonflée, je compris qu'il y avait une piqûre quelconque là-dessous.

En effet, à trois pas du pauvre Djoûma, un scorpion était en train de se suicider dans un cercle de feu. C'était un scorpion jaune. Les scorpions jaunes sont les plus dangereux dans toute l'Arabie. Dans l'Afrique septentrionale, ce sont les noirs. Sur la côte orientale, à Quiloa et à Mozambique, ce sont les rouges.

J'appelai Sélim, lui criant du plus loin que je l'aperçus, de m'apporter ma trousse.

Djoûma, en descendant à la cale puiser de l'eau, avait été piqué par un scorpion entre l'orteil et le second doigt du pied gauche. La douleur avait été excessivement vive, cependant moindre que du moment où il avait appris qu'il n'y avait pas d'espoir de le sauver. En effet, nos médecins du bord, et tout le monde est médecin sur un boutre, étaient à bout de ressources. Ils avaient d'abord lié la jambe, puis cautérisé la plaie avec un fer rougi. Tout cela n'avait rien fait. L'enfant était pris d'un tremblement nerveux qui, si on ne lui appliquait pas de véritables spécifiques, devait le conduire au tétanos.

On en était à la magie. On lui faisait avaler de l'eau dans laquelle on avait détrempé des versets du Coran.

Mais le mal résistait à ce remède infaillible. Reïs-Ali se désespérait.

En voyant le désespoir de son patron, Djoûma avait commencé à comprendre le danger. C'était cette conviction qu'il allait mourir qui, bien plus encore que la douleur, faisait pousser des cris de possédé au pauvre enfant.

Sélim arriva avec ma trousse, et l'ouvrit devant tout le monde. La vue des divers instruments produisit une grande sensation, et le mot de *hakim* passa de bouche en bouche et fit renaître un peu d'espoir. Hakim veut dire médecin. Mon premier soin fut de chercher, au milieu de toutes ces cautérisations, la blessure primitive, qui n'était pas plus considérable qu'une piqûre d'aiguille. Un petit cercle livide me la dénonça. Je débridai la plaie, mais le sang ne sortait point malgré l'ouverture. Il fallut l'attirer en suçant la plaie, ce que fit un des premiers psylles. Au bout de quelques secondes, le sang arriva abondamment.

Pendant ce temps, Mohammed m'avait apporté un flacon d'alcali. Je laissa tomber plusieurs gouttes de la liqueur dans l'ouverture pratiquée par la lancette. Ce fut une nouvelle cautérisation qui, lui faisant éprouver une douleur aiguë, redoubla ses cris et ses contorsions.

Je ne fis attention ni aux uns ni aux autres, et continuai le traitement. Sélim tenait tout prêt un verre d'eau rempli à moitié. J'y versai cinq ou six gouttes d'alcali et forçai Djoûma à boire le tout.

Au bout d'un quart d'heure, le traitement avait produit un effet qui mettait tout le monde en admiration. Le calme dans lequel Djoûma tomba fut en raison inverse de l'agitation à laquelle il avait été en proie. Son pouls, après avoir donné quatre-vingt-cinq pulsations par minute, n'en donnait plus que soixante-huit ou soixante-dix.

Reïs-Ali était enchanté. Seulement ce sommeil l'inquiétait; n'était-ce pas le sommeil de la mort, ce sommeil si profond qu'il semblait une léthargie? Puis Djoûma était insensible au toucher. J'avais beau dire à Reïs-Ali que je répondais de tout, le pouls, surtout pour un Arabe, était insensible.

Je fis apporter la glace de mon nécessaire, je la mis devant la bouche du malade. La glace se couvrit de vapeur, et Reïs-Ali, ainsi que les assistants, furent convaincus que Djoûma n'était pas mort. Seulement en reviendrait-il? Une piqûre de scorpion jaune est presque toujours mortelle en Arabie, surtout avec le mode de traitement appliqué par les indigènes.

J'avais fait préparer à l'ombre et avec des voiles une espèce de couche. On étendit Djoûma sur ce lit improvisé. Je mis un nègre de planton pour chasser les mouches et les fourmis, que les pâtes de dattes avaient attirés par milliers, et qui rivalisaient de gourmandise avec les rats et les souris. Je plaçai Sélim en sentinelle, avec charge de veiller, et de m'appeler aussitôt que le malade ouvrirait les yeux. Sachant que ce sommeil durerait au moins deux ou trois heures, j'invitai Reïs-Ali à faire préparer sous mes yeux, et par les soins de Mohammed, élève de Sélim au point de vue culinaire, une bonne poule au riz. Il va sans dire qu'on voulait échauder et dépouiller l'animal. Je m'y opposai. Il fut brûlé et flambé à la manière française, après avoir toutefois été saigné à la manière musulmane. Ce point fut, comme je m'y attendais, l'objet d'une discussion.

Je déclarai que le cordial qui devait reconforter le malade était justement dans la peau. Cette affirmation, qui d'ailleurs n'avait rien de contraire à la loi musulmane, laquelle, même dans certains cas, dans les cas de maladie surtout, permet l'emploi des choses prohibées, cette affirmation leva tous les scrupules.

Cinq minutes après son réveil, Djoûma était accroupi avec sa poule de riz entre ses jambes. Il paraissait trouver le traitement fort à son goût.

Le lendemain, il était guéri de la piqûre. Ce qui fut plus long à guérir, ce fut la cautérisation. J'aurais pu demander à Reïs-Ali tout ce que j'eusse voulu, même son boutre : il m'eût certainement tout donné. Aussi, pendant toute la route, et même à terre, il n'y eut sorte de prévenances dont je ne fusse l'objet de sa part.

Sélim et Mohammed reçurent chacun, et selon leur

importance, une splendide gratification. Cette gratification était bien certainement le double du prix qu'avait coûté Djoûma lorsqu'il avait été vendu.

Cette cure, comme on comprend bien, me donna une fort belle clientèle à bord du boutre, et il n'y eut pas un passager ni un marin qui ne vînt me demander une consultation.

Nous avions encore six jours de traversée pour arriver à Confoda, dernière ville de la province du Hedjaz. Je me fis apporter mon fusil et me mis à tirer des mouettes, des goëlands et des pailles-en-queue. Quand je tuais, les nègres se jetaient à la mer à l'envi l'un de l'autre et rapportaient l'animal. Seulement il arrivait parfois qu'un requin était là avant le nègre, et que, quand le nageur allongeait le bras, l'oiseau était avalé. Alors le nègre regardait la chose comme une insulte, et il s'ensuivait entre l'homme et le poisson un duel dans lequel le poisson avait toujours le dessous.

Pendant ma chasse, je m'aperçus qu'il se faisait un grand mouvement à bord. Tout le monde se pressait à l'avant. J'étais resté à peu près seul sur la dunette. Je regardai du côté où regardait tout le monde.

Je vis à l'horizon une espèce de barque, laquelle semblait chasser devant elle une ligne de brisans. Mais ce qu'il y avait d'extraordinaire, c'est que ces brisants étaient mobiles et semblaient marcher devant la barque.

Je me fis apporter une lunette par Sélim. Sélim, qui voyait dans quel but j'avais demandé ma lunette, essayait de me donner des explications. Mais il avait beau faire, je ne comprenais pas le mot arabe, qu'il me répétait cependant à satiété. Je portai la lunette à mon œil, et tout me fut expliqué. La barque était une baleine. Le récif mouvant était un banc de sardines qui fuyait devant elle. Le monstre ouvrait d'un mouvement régulier une gueule grande comme un four, et la refermait avec la même régularité. Elle lançait l'eau par ses deux évents.

La présence d'une baleine dans la mer Rouge est un événement assez rare pour préoccuper des marins arabes. Aussi, comme on l'a vu, tout notre équipage était il-fort préoccupé. Si l'on pouvait join de re prendre la baleine, c'était la fortune de l'équipage. Le capitaine aurait pris une part, deux parts peut-être; le reste eût été pour les matelots. Ce n'eût plus été vingt-cinq ou trente livres que l'on eût recueillies, comme on avait fait dans le foie du requin, mais bien deux mille à deux mille cinq cents. Notre baleine, bien entendu, était petite, mais, telle qu'elle était, on s'en fût contenté.

On gouverna pour s'en approcher. En même temps, on mettait les deux canots à la mer. Quatre hommes et un harponneur, dépouillés de tout vêtement, descendirent dans chaque canot. Nous regardions, du pont, cette chasse avec le plus grand intérêt.

Mais je compris bientôt que nos hommes étaient plus inquiets que joyeux de leur bonne fortune. La baleine, qui porte le nom de *semeck-yoünes*, je me le rappelle à l'instant même, c'est-à-dire *poisson de Jonas*, la baleine, quoique innocentée, au point de vue de la science moderne, du crime de gloutonnerie dont on l'avait accusée, la baleine, dis-je, représentait à leurs yeux une trop terrible tradition pour qu'il n'y eût pas quelque hésitation dans le combat qu'on allait lui livrer.

Une des barques s'approcha du terrible cétacé. Elle était montée par nos vainqueurs de requins.

Mais le requin était pour eux un ennemi habituel, un ennemi de tous les jours, un ennemi connu avec lequel chacun de ces hommes s'était mesuré vingt fois, tandis qu'il n'en était pas ainsi de la baleine.

La baleine était l'inconnu. Une des barques cependant s'approcha assez résolûment de l'animal, lequel, toujours occupé de mordre des bouchées dans son banc de sardines, ne paraissait faire aucune attention aux deux coquilles de noix qui s'approchaient de lui.

II

Quoique la baleine, grâce à la couche de graisse dont elle est couverte, et pour laquelle elle est recherchée, ait l'épiderme assez peu sensible, il paraît que l'égratignure fit son effet, car elle plongea aussitôt. Les deux bateaux se trouvèrent entraînés dans l'abîme que creusa l'énorme cétacé. Toutefois ni l'un ni l'autre, par bonheur, ne fut englouti. Nous les vîmes rester seuls sur la mer bouillonnante et couverte d'écume.

La baleine avait disparu en fouillant l'eau de sa queue. On attendit avec une certaine anxiété pour savoir l'endroit où elle reparaîtrait.

Les regards embrassaient tout le cercle de l'horizon, chacun fixant ses yeux dans la direction qu'il croyait que le monstre avait prise.

Elle reparut, au bout de dix minutes, à trois cents mètres à l'arrière du bâtiment. Les deux barques, qui avaient vu qu'il ne leur était point arrivé malheur à cette première attaque, s'étaient enhardies. Elles se mirent à la poursuite de l'animal, et le boutre abaissa sa voile de manière à demeurer en panne. Nous nous trouvions dans le dernier mouillage du territoire de la Mecque. Nous étions assez près de terre pour distinguer les maisons, comme des points blancs surmontés de panaches verts. Les panaches verts, c'étaient les palmiers. Nous étions au milieu du petit archipel des Sœurs, en face de l'île que les Arabes appellent Diebel-Serchen. Ces îles, qui ont toutes des criques où l'on peut se réfugier en cas de mauvais temps, sont toutes habitées, mais momentanément et capricieusement, par des pêcheurs.

J'eus l'idée, pendant que les marins chasseraient la baleine, de profiter de l'heure qu'ils emploieraient à cet exercice pour chasser la gazelle, dont ces îles sont très-bien garnies. J'appelai une des deux barques et lui fis donner l'ordre par Reïs-Ali de me déposer sur l'île Abblêd, qui était la plus rapprochée de nous. Je pris mon fusil, et me fis suivre par Sélim et un nègre du bord. Je n'avais pas de plomb à chevreuil, mais, selon la coutume arabe, j'avais des balles coupées en sept ou huit morceaux.

La barque me conduisit à l'île, et se hâta de remettre le cap sur la baleine. Je restai dans l'île et me mis en chasse.

Ces îles, à la base de corail et à la sommité calcaire, sont couvertes d'une espèce de *maquis* (taillis), de gommiers et de mimosas, qui eux-mêmes appartiennent à la famille des gommiers. Il n'y a dans ces îles d'autre sentier que celui qui est tracé au bord du rivage par les pêcheurs. Elles sont assez élevées pour qu'on les voie de dix-huit à vingt milles en mer. Outre les pêcheurs dont j'ai parlé, et qui tracent le chemin du bord de la mer, l'île est peuplée d'autres industriels qui font aux poissons une guerre acharnée. Il semble que tous les cormorans, tous les pélicans, tous les goëlands, toutes les mouettes, tous les ibis, toutes les cigognes de la mer Rouge se soient donné rendez-vous à Abbléd.

Mais comme aucune de ces espèces n'était, à mon avis, meilleure à manger que le requin, je les laissai me regarder gravement, sans m'occuper de les troubler dans leur contemplation.

Au milieu de tous ces oiseaux, je fis lever une bande d'oies sauvages. J'envoyai mes deux coups de fusil à travers la bande; il en tomba trois. Sélim en

2*

chargea notre nègre, qui fut presque fâché, au moment où les oies s'étaient levées, de m'avoir crié : *Ouïs ! Ouïs !* puisque cet éveil lui valait la peine de porter un poids de douze ou quinze livres.

Je voyais en outre de temps en temps des animaux de la grosseur d'un chat sauter agilement d'un arbre à l'autre. J'ignorais à quelle espèce ils appartenaient, et croyais avoir affaire à de gros écureuils. J'envoyai un coup de fusil à l'un d'eux ; il tomba. Sélim courut pour le ramasser, mais il arriva trop tard. Trois ou quatre individus de la même espèce s'étaient emparés du blessé ou du mort et l'emportaient avec de grands cris.

Le nègre alors me cria :

— *Girth ! Girth !* Ce qui voulait dire : — Singe ! Singe !

J'en avais déjà tiré en Nubie, du côté de Sennaâr, mais ils étaient beaucoup plus gros, et de l'espèce des cynocéphales, ce qui fait qu'à la première vue je n'avais pas reconnu ceux-ci. Je remarquai alors qu'ils se tenaient plus particulièrement sur les papayers, étant fort friands de papayes, fruit excellent au goût, rafraîchissant quoique sucré, ressemblant à un concombre, avec des pépins noirs et ronds comme des grains de poivre. Souvent j'avais voulu faire comme faisaient mes singes, me laisser aller à ma sympathie pour les papayes. Mais les Arabes m'avaient toujours arrêté en me disant que les papayes donnaient la fièvre.

Comme je ne connaissais pas l'espèce de singe à laquelle j'avais affaire, j'invitai Sélim à mettre plus de rapidité dans ses évolutions, afin d'arriver avant les amis ou parents du prochain blessé ou du prochain mort. L'occasion ne se fit pas attendre. Je tirai un second singe, qui tomba comme le premier. Sélim s'élança et le ramassa en effet avant qu'il fût secouru par ses compagnons.

Mais, dans son empressement, il ne s'aperçut pas qu'il n'était que blessé, de sorte que celui-ci lui fit, en termes de combat, une prise à la main. Sélim, en véritable Arabe qu'il était, voyant que le singe ne voulait pas desserrer la mâchoire, prit à sa ceinture son *djembie* (poignard), et, sans se plaindre le moins du monde, sans jeter les hauts cris comme eût fait un domestique français, trancha la tête du singe aussi adroitement que fait un bourreau turc à l'endroit d'un condamné à mort. Puis, il lui desserra les dents à l'aide de son poignard, et, cette double opération terminée, il me rapporta l'animal en deux morceaux.

e voulus bander la plaie, mais Sélim me pria de le laisser la traiter à sa manière, disant que ce n'était pas la peine de me déranger pour si peu. Il suça le sang pendant cinq minutes, et, déchirant un morceau de sa manche de chemise, il banda sa main, et il n'en fut plus question.

Cependant le temps passait, et je n'avais pas encore tiré une seule gazelle, quand, à travers les arbres, j'aperçus la réflexion d'un petit étang. Je m'approchai. C'était le déversoir de toutes les eaux de l'île, et, sur ses bords, je vis des traces fraîches de pied de gazelle.

Je cherchai à avoir le vent bon, et nous nous couchâmes dans les gommiers. Au bout d'un quart d'heure, deux gazelles, l'une mâle, l'autre femelle, l'œil inquiet, l'oreille ouverte, sortirent d'un massif et s'approchèrent du bord de l'étang. Elles étaient à soixante pas à peine. Je mis en joue, espérant les tuer toutes les deux; je lâchai le coup, une seule tomba, quoique l'autre parût blessée; mais elle rentra dans le bois, et je la perdis de vue. Le nègre courut et ramassa la gazelle morte. C'était le mâle. J'arrivai derrière lui et suivis la trace de la femelle. Quelques gouttes de sang, que je reconnus dans sa passée, me prouvèrent qu'en effet elle avait reçu un de mes quartiers de balle. J'allais me mettre à sa recherche, espérant la trouver, lorsque je m'entendis héler par les gens de la barque.

La pêche était finie.

Reïs-Ali désirait se remettre en route, et il m'envoyait prendre. Je hélai à mon tour les rameurs, qui vinrent me rejoindre en laissant un homme à la garde du bateau. Je leur montrai le sang de l'animal, et, nous mettant en ligne, nous fîmes une espèce de battue dans la direction où je pensais retrouver la gazelle blessée. En effet, au bout d'une centaine de pas, un de mes hommes cria : — *Rizel!*

Et, levant la main, il nous fit voir au-dessus du maquis l'animal, qu'il tenait par les deux pattes de derrière. J'avais fait, comme on voit, une superbe chasse en peu de temps. J'avais tué trois oies, un singe et deux gazelles.

La chasse fut complétée par une outarde de la petite espèce, que je rencontrai sur mon chemin, et que les Arabes appellent *houbara*. Un quart d'heure après, nous étions sur le boutre. Pendant la traversée, mes rameurs me mirent au courant sur le résultat de la pêche à la baleine.

La pêche avait été moins heureuse que la chasse. Une des barques s'était approchée à environ deux mètres de l'animal, et le harponneur avait lancé son harpon, qui, cette fois, était entré profondément. La baleine avait plongé, emportant la corde de palmier attachée au harpon et qui pouvait avoir une soixantaine de mètres. Au bout de la corde était attachée une calebasse, qui, en surnageant à la surface de l'eau, devait indiquer la direction que prendrait la baleine. Mais la baleine avait plongé au plus profond de la mer et la calebasse avait disparu. Peut-être la baleine allait-elle faire une ou deux lieues avant de respirer. De quel côté reparaîtrait-elle? reparaîtrait-elle en vue? Impossible de résoudre ces questions, surtout pour des Arabes, dont ce n'est point l'état de pêcher la baleine. Aussi les nôtres avaient-ils perdu courage, et, après une demi-heure d'attente, pendant laquelle ils n'avaient rien vu, ils étaient revenus au boutre. C'était alors que Reïs-Ali m'avait envoyé chercher. On n'attendait que mon arrivée pour remettre à la voile, opération qui s'exécuta, selon l'habitude arabe, en poussant de grands cris et en invoquant le nom de Dieu et de Mahomet.

Mon retour produisit une grande joie à bord du boutre.

Je rapportais pour deux ou trois jours de viande fraîche, en prenant la précaution de la pendre au mât.

Si j'eusse été chrétien, personne à bord n'eût mangé

une bouchée d'un animal tué par moi. Mais j'étais musulman, l'interdit se trouvait levé.

En effet, en tirant sur le gibier, un musulman doit dire :

— *Bismillah, Allah akhbar !* C'est-à-dire : *Au nom de Dieu ! Dieu est grand !*

« Je te tue » est sous-entendu.

Il serait en effet assez difficile de dire :

— Je te tue au nom de Dieu ! Dieu est grand !

Lorsque le gibier est encore vivant, le chasseur le saigne à la carotide, selon le rite religieux ; mais il faut que le couteau coupe admirablement, afin de ne pas faire souffrir l'animal. Aussi les chasseurs s'exercent-ils à repasser leurs couteaux, de manière à leur donner un fil aussi tranchant que celui du rasoir. Ils en ont deux d'habitude : un grand, et, dans la poignée du grand, un petit. C'est avec le grand qu'ils combattent, attaquent, se défendent, coupent les têtes et saignent les grands animaux. C'est avec les petits qu'ils saignent les animaux de faible taille et achèvent de couper les têtes récalcitrantes.

Au reste les Arabes sont peu chasseurs. Leur nourriture ne repose jamais sur des viandes exceptionnelles. Ils mangent habituellement le mouton, le chameau, la chèvre et la poule.

Ils ne chassent donc pas essentiellement pour manger; cependant ils mangent leur chasse.

S'ils tuent une hyène, ils mangent l'hyène; s'ils tuent un lion, ils mangent le lion. Même en le mangeant, ils croient se rendre plus courageux. S'ils ne mangent pas de la panthère, c'est que la panthère ressemble au chat. Ils mangent le hérisson et le porc épic. Certaines tribus sont même acharnées à cette chasse; elles ont des chiens exprès pour le porc-épic.

Ils chassent en général la gazelle, l'autruche et le lièvre à courre, soit à cheval, soit à dromadaire. Ils mangent la gazelle et l'autruche; mais, en général, ils ne mangent pas le lièvre. Ils gardent avec soin la moelle des pattes d'autruche pour s'en frotter en cas de rhumatisme; ils en étendent sur leurs blessures; dans certains cas, ils en prennent intérieurement.

Ils chassent avec des lévriers qu'ils appellent *slouguis*. Aussitôt l'animal forcé, ils le saignent. L'animal le plus difficile à forcer, de la gazelle, de l'autruche et du lièvre, c'est la gazelle. Elle est très-craintive, a sans cesse l'œil et l'oreille au guet, et fuit au moindre sujet de crainte avec une fabuleuse rapidité. Du plus loin que les lévriers la voient, ils s'élancent sur elle. Ils en ont quelquefois pour une demi-journée, non pas qu'ils soient ce temps-là à la joindre, mais avec ses bonds prodigieux, ses écarts gigantesques, la gazelle leur échappe jusqu'au moment où ses jambes raidies refusent de plier.

Si le chasseur, qui suit à cheval ou à dromadaire, n'arrive point à temps, il ne trouve plus que les cornes. S'il arrive à temps, il saigne l'animal, toujours avec les paroles sacramentelles, il lui ouvre le ventre et fait la curée comme un châtelain français.

Partout où il y a de la gazelle, on est sûr qu'il y a du lion ou de la panthère.

Après la gazelle vient l'autruche.

L'autruche est l'animal qui excite le plus la cupidité du chasseur arabe. L'autruche en effet donne sa plume, sa chair et sa moelle pour les rhumatismes. Les pâtres arabes connaissent les nids d'autruche comme nos bergers les nids de perdrix. Le nid indiqué, le chasseur fait un trou, s'enterre dans le sable et tue les autruches à l'affût. C'est un des moyens de les chasser. Dans les saisons de l'année où l'autruche n'est point en ponte, on relève leur trace comme on fait de celle d'un loup ou d'un sanglier. On arrive ainsi à les faire lever. L'autruche, surprise, fuit d'un seul trait, et droit devant elle, pendant plusieurs lieues. A moins d'obstacles, elle fuit dans la même ligne. Si le chasseur la perd de vue, il la suit à la piste. Tout en fuyant, elle lance des pierres. Mais c'est parce qu'il se trouve des pierres sous ses pieds et non comme moyen de défense. L'autruche a une force énorme dans le jarret et dans l'aile. D'un coup de pied elle casserait la jambe d'un homme, d'un coup d'aile elle le renverserait. Dans toute la contrée qui se trouve au sud de la Nubie, si un nègre a besoin de faire une course très-pressée, il monte une autruche comme il monterait un cheval, se tient au cou et la dirige avec un bâton.

Au bout de deux heures de chasse, l'autruche est fatiguée, alors elle s'arrête, trébuche et tombe. On l'étourdit d'un coup de bâton et on la saigne. Le mâle est noir et la femelle est grise. C'est le mâle qui porte ces belles plumes dont on fait tant de cas en Europe. Le mâle, surtout quand il a des petits, se défend, et, comme on dit du sanglier et du cerf, dans certains cas, tient tête aux chasseurs.

Aussitôt mort, on dépouille l'animal, en garantissant les plumes le plus possible. Une belle peau d'autruche mâle se vend de 75 à 80 fr., le prix d'une peau de panthère dans les pays où il n'y a pas beaucoup de panthères.

Au reste, l'autruche tend non-seulement à diminuer, mais à disparaître.

Non-seulement aujourd'hui on chasse l'autruche, mais on recherche ses œufs, d'abord pour les manger, ensuite pour en faire des ornements de mosquées, des narghilèhs, des tasses pour boire.

Reste le lièvre.

Le lièvre arabe est un peu plus petit que le lièvre français. Les Arabes le chassent à courre avec des lévriers et à l'affût. Cette chasse ne diffère pas de la nôtre.

Gérard, dans son livre intitulé le *Tueur de lions*, a décrit admirablement la chasse à faucon.

J'aurai comme lui à parler du lion et de la panthère, puis d'autres animaux encore qui ne se trouvent pas en Afrique, comme l'éléphant, que j'ai rencontré dans le Dâr-Bouroûm et le pays des Barrys; la girafe, que j'ai rencontrée dans le Dongolâh; le tigre, que j'ai rencontré en Abyssinie; le lynx, que j'ai rencontré en Perse. Je dirai alors, non-seulement ce que j'ai pu remarquer par mes yeux, mais encore ce que l'on m'a dit sur ces différents animaux. Si, sur certains points, je me trouve en désaccord avec l'illustre chasseur, c'est que les climats ne sont pas les mêmes, et que le lion et la panthère de l'Atlas, c'est-à-dire du 33e, du 34e et du 35e degrés du nord, ne peuvent pas avoir les mêmes mœurs que ceux qui se rapprochent de l'équateur et qui vivent sous les 12° et 13° degrés.

Ainsi les animaux d'une même espèce sont plus féroces sous les latitudes rigoureuses que sous les latitudes chaudes. L'ours du pôle est bien plus féroce que l'ours des Alpes et des Pyrénées. Il en est de même du lion de l'Atlas, du lion du Cap, qui se trouvent l'un sous le 35° degré de latitude nord, l'autre sous le 35° degré de latitude sud, qui tous deux connaissent le froid et la neige. Ils sont bien autrement féroces que les lions de la Nigritie, qui vivent sous une chaleur qui atteint et dépasse cinquante degrés.

C'est tout le contraire pour les reptiles, dont le venin semble avoir besoin, pour être mûri, de tous les feux de l'équateur. La vipère cornue (céraste), que j'ai rapportée au muséum, vient déjà du Grand-Désert, c'est-à-dire d'une chaleur de 40 degrés.

Vingt-cinq lieues avant d'arriver à l'endroit où les Bédouins me l'apportèrent, j'ai vu un de mes fusils partir seul sous l'effet de la chaleur. Dans le Kordofan, où la chaleur monte à cinquante-quatre degrés et les dépasse, j'ai trouvé une variété de serpent-minute qui tue presque instantanément. Les Arabes l'appellent *hannèche-el-ajel*, le serpent rapide, c'est-à-dire le serpent qui tue rapidement. Voyez les scorpions : en Italie, ils font une blessure douloureuse, mais sans gravité; en Tunisie et en Égypte, on en meurt quelquefois ; à la Mecque, il est rare qu'on survive, à moins de cautérisation et de révulsifs violents.

Dans le pays des dattes, à Bassora et à Bagdad, j'ai été piqué par deux grosses guêpes dont la piqûre était presque aussi grave que celle du scorpion. Cette piqûre avait eu lieu près de la cheville; ma jambe devint grosse comme un fort tuyau de poêle. Je fus plus de quinze jours sans pouvoir marcher. La piqûre a laissé une marque noire comme l'ébène, et aujourd'hui, en France, dans les grandes chaleurs, je souffre encore de cette piqûre.

Dans le Kordofan, j'ai été mordu au jarret par un céraste que les Arabes appellent *lefâa;* je faillis en mourir. La place est restée noire, et, comme de la piqûre de ma guêpe, j'en souffre de temps en temps. Le lézard, qui chez nous est tout à fait inoffensif, devient venimeux aux bords de la mer Rouge et de la mer des Indes.

Le moustique, supportable en France, déjà désagréable en Italie, fait en Arabie des piqûres qui amènent quelquefois l'amputation du doigt.

I n'y a pas jusqu'à notre mouche, la mouche inoffensive, qui, en se posant sur les plaies des malades ou des blessés, ne détermine la gangrène. Au reste, il en est de même des blessures d'armes à feu, qui, sous les latitudes chaudes, sont dix fois plus difficiles à guérir que sous les latitudes tempérées.

Mordu par un singe en France, Sélim en eût eu pour huit jours à avoir sa main emmaillottée. Mordu par un singe à Abblêd, il en eu pour trois mois à porter son bras en écharpe.

Revenons à notre boutre, bien loin duquel nos souvenirs nous ont emporté.

Reïs-Ali m'avait envoyé chercher parce que tous les jours, vers trois heures, le vent de terre se levait.

Ce jour-là il se levait plus fort que les jours précédents. Reïs-Ali ne voulait rien perdre du chemin qu'il pouvait nous faire faire. En effet, depuis six jours que nous étions partis, nous avions fait cent lieues à peine.

Au reste, cette lenteur est complétement indifférente aux vrais musulmans. Il n'y a qu'en Europe où le temps soit coté à la Bourse. Les musulmans sont partis quand Dieu a voulu, ils arriveront quand Dieu voudra. Jamais un musulman ne s'ennuie. Quand il se sent près de s'ennuyer, il fume. Quand il a fumé, il joue aux dames ou aux échecs. Quand il a joué aux dames et aux échecs, il dort.

Le sommeil est pour lui la seconde vie, si elle n'est pas la première. Quand il est éveillé, rarement il pense. Quand il est endormi, souvent il rêve. Les rêves sont la grande préoccupation des Orientaux. Voyez le rêve de Pharaon expliqué par Joseph. Voyez dans Homère Jupiter envoyant un rêve à Agamemnon. Voyez toutes les tragédies d'Eschyle, de Sophocle et d'Euripide. Il y a des rêves partout.

Le rêve est si agréable pour les musulmans qu'ils ont inventé le *hachich*, le *kiêf* et le *caq*, c'est-à-dire des moyens de rêver tout éveillé. Le hachich que nous connaissons en Europe, le hachich de *Monte-Christo*, est une confiture faite avec la feuille de chanvre; mais le commun des Arabes se dispense de faire des confitures : il fait sécher la feuille, la réduit en poudre et la mélange à son tabac.

Il va sans dire que les effets en sont bien autrement puissants : c'est alors le kiêf.

Quant au caq, c'est la feuille d'un arbrisseau pareil à celui qui produit le thé. La feuille ne se sèche pas et ne se fume pas, elle se mâche et produit le même enivrement que le hachich.

Dans les rues de Moka et d'Hodeïda, on voit les amateurs se promener avec une branche de caq sous le bras. Ils en arrachent les feuilles, une à une, et les mâchent. La feuille est épaisse, d'un vert foncé et luisant, et ressemble à celle du camellia.

Quant aux marins, il y a toujours dans l'équipage un conteur d'histoires qui se charge d'amuser la société. Puis il y a un bouffon qui fait des farces. Avec les farces, les histoires, le caq, le kiêf, les rêves, les échecs et les dames, un musulman ferait le tour du monde sans s'ennuyer un seul instant.

J'étais mauvais musulman sous ce rapport, je l'avoue. Je jouais aux dames de troisième force, pas du tout aux échecs. Je ne fumais pas de kiêf, je ne mâchais pas le caq. Mes seules distractions étaient ma chibouque et mon fusil.

Je passais mon temps assis sur la dunette, mon bouquin d'ambre à la bouche, mon fusil à portée de ma main. Si un oiseau passait en l'air, si un poisson montrait son arête dorsale hors de l'eau, je lui envoyais mon coup de fusil; je me soulevais pour voir ce qui en était résulté, et me recouchais sur ma natte. J'avais donc salué avec joie la recrudescence du vent.

J'oubliais une distraction que je n'ai jamais bien comprise. Peut-être est-ce pour cela que je l'oubliais.

Presque tous les musulmans de l'Yémen font usage d'une branche de *mossouâk*, — le ziziphus lotus, — qu'ils dépouillent de son écorce et dont ils écrasent le bout avec une pierre ou un marteau, jusqu'à ce que ce bout prenne la forme d'un pinceau. Puis ils prennent une pincée de tabac très-fin, qu'ils appellent Portugal, et prononcent *Bordougal*, se l'introduisent dans la bouche, et font avec leur langue reparaître cette poudre à la surface extérieure, où ils la frottent avec leur pinceau de mossouâk. Cet usage est aussi répandu parmi les Bedouins de l'Yémen que la pipe, le narghilèh, le béthel, l'opium, le caq chez les autres Orientaux.

On reconnaît les amateurs de Portugal à la petite branche de mossouâk, qu'ils portent suspendue à leur turban, à leur chapelet où à leur cou. Les femmes elles-mêmes sont friandes de cette sensualité, et les deux sexes lui donnent tout le temps dont ils peuvent disposer.

ommment voulez-vous qu'on s'ennuie jamais avec de semblables distractions ?

Cependant le vent continuait à grossir, et, contre tous nos précédents, nous faisait faire huit ou dix nœuds à l'heure. Vers le coucher du soleil, nous passâmes devant Confoda, dernier poste occupé par les Turcs, qui avaient derrière les remparts une garnison de trois ou quatre cents Albanais.

Confoda est le débouché des marchandises de l'Assir, c'est-à-dire du millet, de la gomme, de l'essence et des étoffes de laine. Vers Confoda disparaissent les déserts de l'Arabie-Pétrée et commencent les verdures de l'Arabie-Heureuse.

Le sol se modifie : on y trouve de la terre végétale, un peu d'eau descendue des montagnes, et l'on cesse d'en être exclusivement réduit aux puits. Au fur et à mesure qu'on avance vers Aden, les montagnes prennent un aspect de plus en plus volcanique. Quelques-unes ont un aspect ferrugineux. En effet, elle contiennent du fer, du cuivre, de la houille, du sel gemme. Le sel gemme est la seule exploitation à laquelle se livrent les Arabes. Et encore comment s'y livrent-ils? Chaque Arabe va à la mine, et emporte ce qu'il lui faut dans des paniers et des sacs, sur des ânes et des chameaux.

Nous marchions toujours et très-vite, malgré la

nuit. Il est vrai que nous avions moins de récifs que sur les côtes du Hedjaz. Aux feux qui brillaient sur le rivage, nous reconnaissions Hali, dernier petit port, limite extrême de l'Arabie-Pétrée.

De temps en temps, nous étions tirés, non pas de notre sommeil, mais de notre engourdissement, par un bruit pareil à celui que ferait un piston d'une forte machine à vapeur. C'étaient des souffleurs qui passaient près de nous et nous souhaitaient bon voyage à leur manière. Les Arabes les appellent *semeck-monfoch*, poissons soufflet. Au reste, je voyais dans l'ombre nos marins très-occupés à jeter une espèce d'épervier à la mer, et à en tirer, avec de grands efforts, des objets qu'ils disposaient sur le pont. J'eus la curiosité de me lever et d'aller voir ce dont il était question. Le hasard nous avait fait passer assez près de trois ou quatre grosses tortues pour que nos marins pussent leur jeter le filet. Ils venaient d'en prendre deux, larges comme des capotes de cabriolet.

Plusieurs fois, au moment où il en passait en vue du navire, j'avais essayé de leur briser la tête avec une balle; mais ce n'était pas chose facile. A mon coup, les tortues plongeaient, ou plutôt, pour me servir d'un terme plus expressif et qui rend mieux leur action, les tortues sombraient. On en prit dans la nuit trois, dont la moindre pouvait peser de 75 à 80 livres, et la plus grosse de 150 à 200. J'ai vu des tortues de 400 livres. J'étais enchanté pour mon compte; c'était de la viande fraîche pour le lendemain. La tortue était le triomphe de Sélim. Il apprêtait une fricassée qu'il faisait cuire dans ces marmites en cuivre que les Arabes appellent *dendjera* et qui ont une forme particulière, se rapprochant de celle d'une calebasse dont on aurait scié le goulot. Il y mettait du beurre, du piment, du gingembre, du poivre, du sel, du girofle. Il faisait bouillir le tout, mouillant de temps en temps avec de l'eau, puis, au moment de la sortie du feu, liant le tout avec des jaunes d'œuf.

Dans la saison des tomates, il y ajoutait des tomates; l'aspect est celui d'une fricassée de poulet à la sauce blanche. Le goût est celui d'une tête de veau en tortue, très-épicée.

Les Arabes mangeaient les tortues, au contraire, les uns avec des pâtes d'abricots, c'est-à-dire à l'acide; les autres au doux, avec des raisins secs, des amandes et des dattes, le tout nageant dans le beurre. Il va sans dire que de cette façon la tortue est détestable. Une de nos tortues avait une cinquantaine d'œufs dans le ventre. Les Arabes en prirent une partie pour les sécher. L'autre partie nous fut abandonnée pour les manger à notre caprice. Je n'avais pas de préférence pour les œufs. Je vis nos nègres faire rôtir les leurs sur des charbons ardents. J'en fis rôtir trois ou quatre que je mangeai durs avec du sel, du poivre et du piment.

Je me suis laissé aller à parler cuisine, et j'ai anticipé sur la journée du lendemain.

III

Le lendemain de ce jour, que je marquai sur mon carnet sous le nom de *jour des tortues*, nous étions en vue de la grande île de Gasser-Farsan, qui peut avoir sept lieues de tour, sur laquelle on trouve des ruines, et qui est entourée de petits îlots, lesquels, du côté du nord, semblent en défendre l'approche. Des montagnes à pic très-irrégulières, ou plutôt très-sauvages de forme, s'élèvent au milieu de l'île, couverte de ces petits arbrisseaux dont les Arabes font ces fameuses brosses à dents en forme de pinceau dont nous avons parlé.

Nous longions la côte orientale à un kilomètre à peu près, de sorte que je distinguais, même sans lunettes, les cabanes des pêcheurs et les champs de maïs. Le vent nous poussait sur l'île. Nous fûmes forcés de virer de bord et de nous diriger à l'est. D'ailleurs, je voulais descendre au port de Djézan. C'était là que je comptais trouver les moyens de gagner Abou-Arich, résidence habituelle du chérif Husseïn, auprès duquel je me rendais.

Abou-Arich n'est éloigné de Djézan que de sept lieues.

Nous entrâmes sans difficulté dans le port, ou plutôt dans la crique de Djézan, qui est commandée par une citadelle contenant une douzaine d'hommes de garnison.

Le village, situé au pied d'une chaîne de montagnes renfermant de l'or, du cuivre, du fer et de la houille, se compose d'une centaine de maisons.

Sur un des premiers mamelons de la chaîne de montagnes s'élève une seconde citadelle, de forme carrée.

La montagne sur laquelle s'élève cette seconde citadelle est de main d'homme et taillée à pic. Un chemin creux est tracé dans la montagne, et conduit à une petite porte basse et étroite où un seul homme peut passer à la fois en se courbant.

J'envoyai Sélim au gouverneur qui habite ce fort. Il n'avait reçu aucun ordre, et par conséquent ne pouvait pas me donner les moyens de transport nécessaires pour aller à Abou-Arich. D'un autre côté, il ne voulait point me laisser passer sans une permission en règle du chérif Husseïn, son parent.

Force m'était donc de reprendre la mer, et d'aller

jusqu'à Loheïa. Au reste, c'est l'habitude arabe, qui ne doute de rien et ne prévoit rien.

Le chérif Husseïn me faisait perdre cinq jours et faire cent lieues de plus. Un messager qui pouvait, à dromadaire, aller en une heure d'Abou-Arich à Djézan, m'eût épargné cette course.

Au reste, je ne la regrette point, puisque, grâce à cette course, je vis le splendide tableau d'un volcan en éruption.

Nous repartîmes aussitôt que la réponse de Sélim m'eut convaincu de l'impossibilité de gagner Abou-Arich. Je connaissais assez les musulmans pour être certain de l'inutilité de mes instances.

Le vent soufflait toujours. La crainte que nous avions eue de le voir dégénérer en bourrasque avait disparu. Contrarié d'abord de ce retard que je venais d'éprouver, j'avais fini par en prendre mon parti, et je m'étais recouché sur ma dunette, appelant le sommeil à mon aide, non pas pour rêver, je rêvais assez tout éveillé, Dieu merci ! mais pour dormir, mais pour tuer le temps qui me paraissait d'autant plus long que je faisais un trajet inutile.

Aucun événement ne signala cette nuit. Quelques bateaux qui passèrent, en criant leur éternel *salam-a-leikum*, salut soit à vous, me firent de temps en temps rouvrir l'œil que je m'efforçais de fermer. Nous naviguions au milieu des écueils, mais je savais Reïs-Ali si familier avec eux que je ne m'en inquiétais plus. Vers deux heures du matin, au moment où je commençais à m'endormir réellement, Reïs-Ali me réveilla. J'ouvris les yeux et le reconnus. Pour qu'il se dérangeât, ou plutôt pour qu'il me dérangeât, il fallait qu'il se passât quelque chose de grave.

Je m'assis et lui demandai la cause de ce réveil.

— *Djebel-Nâar!* me dit-il.

Montagne de feu !

Je regardai dans la direction qu'il m'indiquait, et je vis en effet le ciel rougi par la réverbération de la flamme. Je compris que nous avancions vers le volcan de *Djebel-Tarr*, que j'avais vu marqué sur ma carte.

Djebel-Tarr, comme Stromboli, n'a que de très-courtes éruptions. C'est un volcan très-sage, très-bien élevé, qui, pourvu qu'il fasse tranquillement ses affaires, n'en demande pas davantage, et ne s'amuse pas, comme le Vésuve et l'Etna, à faire trembler la terre tout autour de lui.

Les Arabes, comme on le comprend bien, n'ont pas lu l'ouvrage de notre savant compatriote Élie de Beaumont sur les volcans. Ils en ignorent donc complétement les causes, tout en en constatant les effets. Les effets de celui-là sont de cracher de la fumée, de lancer des nuages de cendres et de rouler de la lave jusqu'à la mer.

Un pareil phénomène au milieu de la mer Rouge exerce, on n'en doutera point, l'imagination des Arabes. Chacun a sa tradition sur le volcan.

Les uns prétendent qu'Ève, après le péché originel, vint mourir au sommet du Djebel-Tarr, et que c'est de la tombe de la mère du genre humain que jaillit toute cette flamme, toute cette cendre, toute cette fumée. Si c'est un emblème, il est assez bien choisi. Qu'est-il en effet sorti de la tombe de notre aïeule à tous depuis six mille ans qu'elle est enterrée, si ce n'est un peu de flamme et beaucoup de cendre et de fumée !

Les autres regardent tout simplement le cratère comme une bouche de l'enfer, de laquelle sortent le soir, aux époques où doivent surgir quelques événements, des diables qui parcourent la contrée sous la forme de feux follets.

Nous le vîmes à l'état de flamme jusqu'au jour, puis ce ne fut plus qu'une fumée, que nous laissâmes à notre droite pour aller jeter l'ancre dans le petit mouillage de Loheïa.

Loheïa est le deuxième port de la province de l'Yémen en venant du nord. Il offre, quoique presque ensablé, le golfe le plus beau, le plus grand, le plus vaste de la mer Rouge.

Des canons placés à Loheïa, à l'île d'Ormouck au nord, à l'île Caméran à l'ouest, et à Saphida au sud, en défendraient complétement l'entrée.

Toutes ces petites îles, quoique couvertes de verdure, ont un principe volcanique. L'île Caméran elle-même, toute plate qu'elle est, a une source d'eau chaude. Ces îles sont peuplées de lièvres beaucoup plus petits que les nôtres. Les perdrix, les cailles, les pintades, les bécasses, les oies sauvages et les canards y sont en quantité; des chacals leur font la guerre. On y trouve aussi des vipères, des couleuvres, et, dans les vieux murs, l'aspic et une espèce de scorpion rougeâtre dont la piqûre, même soignée avec tout l'art européen, est presque toujours mortelle.

Il y a en outre cette espèce de fourmis blanches qui dévorent tout, même le fer, et que l'on nomme les *thermites*. Elles vont par tribus, guidées par des chefs qui les commandent, avec des avant-gardes et des sentinelles; dans un chemin parallèle à celui du corps d'armée et des travailleurs, qui marchent ensemble, s'avancent les provisions. C'est une véritable migration pareille à celles des barbares, et qui sèche et dévore tout.

Si une de ces troupes innombrables s'introduit dans un silo, elle le vide, chaque fourmi emportant son grain. Selon la grosseur du fardeau, elles se mettent deux, quatre, six, dix, vingt, cent s'il le faut, les unes tirant, les autres poussant, celles-ci soulevant, celles-là déblayant le chemin. Si l'obstacle est trop lourd pour disparaître, avec des combinaisons dynamiques qui suffiraient à la renommée d'un architecte, elles font franchir l'obstacle au fardeau. Cela rappelle Antoine essayant de transporter sa flotte et celle de Cléopâtre à travers les lacs Salés et le canal de Péluse, dans la mer Rouge.

Le roi des fourmis marche en tête avec sa garde, qui est formée des plus fortes fourmis de la tribu. Le roi lui-même est plus gros qu'aucune des fourmis de sa garde. Cette garde, chargée de la police, porte les ordres du roi. Quand un des messagers rencontre celui auquel il a affaire, il s'arrête, lui communique sa mission, qui change quelquefois à l'instant même la marche des deux animaux, et qui semble quelquefois à l'instant même encore provoquer dans le reste de la troupe des mouvements différents.

Le roi est polygame et a plusieurs reines, qui sont elles-mêmes choisies parmi les plus fortes fourmis.

Ces reines ne se livrent à aucun travail et regardent faire les autres.

Dans leur marche les thermites s'arrêtent de préférence dans les lieux déserts. S'ils sont fatigués et qu'ils aient une grande course à faire, ils posent des relais. La fourmi chargée dépose son fardeau, qui est repris par une autre, et revient à vide chercher une autre charge. Tout le long de la route sont les inspecteurs chargés de surveiller l'ensemble des travaux; ils gourmandent les fainéants, font donner un coup de main à ceux qui sont dans l'embarras, et envoient des messagers demander du renfort si besoin est. Toute fourmi incorrigible dans sa paresse est condamnée à mort et exécutée comme inutile à la société. Quand il y en a un trop grand nombre de jeunes, les générations nouvelles essaiment comme les abeilles et vont former une colonie.

Ces fourmis, jointes aux rats, qui comme elles dévorent tout, font la désolation du pays.

Les rats sont énormes. Ils ont jusqu'à trente centimètres de long. Ils vivent dans la plus grande intimité avec les chats, qui ne leur font aucun mal, et qui dorment et mangent avec eux. Ce sont des rats domestiques, de véritables rats de ville, seulement ils ne s'effrayent de rien. Au reste, en Orient, on tue peu les animaux. Le crime est moins grand de tuer un homme qu'un quadrupède quelconque. L'homme qui tue un autre homme est toujours considéré comme l'ayant tué pour sa défense ; c'est à la famille à juger dans ce cas le procès et à déclarer la guerre ou à accepter le prix du sang.

La plupart de ces rats sont musqués. Ils ont d'énormes moustaches et des queues gigantesques. C'est surtout aux dattes que les rats s'en prennent. Ils vont aussi par bandes, et dans une nuit dévalisent un magasin tout entier. Ils ont des tanières communes, et transportent là tout ce qu'ils peuvent trouver.

Au nombre des insectes qui peuplent l'île se trouve quelquefois, et particulièrement sur la sommité des bananiers et des palmiers fleuris, le goliath, c'est-à-dire le roi des insectes. Il ressemble à un cerf-volant sans cornes, et peut atteindre deux fois la grosseur de cet animal.

J'en ai vu dans l'île de Caméran, mais ne connaissant pas la rareté de cet animal, je n'avais pas fait grande attention à lui. J'en ai retrouvé depuis un sur es palmiers du Djérid tunisien, qui a été adressé, avec mes collections, par l'agent consulaire de France à Sfax, au Muséum.

On récolte dans ces îles du miel excellent, qui est tiré, par les abeilles, particulièrement des roses, du jasmin et de la myrrhe, dont la fleur est à peu près pareille au lilas. Les Arabes l'appellent *rihan*.

La myrrhe, selon les Arabes, est une des plantes privilégiées du paradis de Mahomet. L'arbrisseau qui la produit ressemble au romarin. Le romarin lui-même est en grande quantité.

Il va sans dire que les thermites et les rats, ces deux grandes familles déprédatrices, font une guerre acharnée aux possesseurs de ce miel, soit que ce miel soit encore la propriété des abeilles libres, soit que l'industrie des hommes l'ait récolté et mis en magasin.

Ce miel se conserve dans des peaux de bouc, que trouent à qui mieux mieux les rats et les fourmis. Les riches, qui en font un grand usage, y mettent un obstacle en les conservant dans des jarres de grès fermées avec du plâtre.

Dans un des voyages que je fis en barque, de Loheïa à l'île Caméran, et ce pendant que je me trouvais à Hodeïda, je fis la rencontre d'un animal bien autrement rare et bien autrement curieux que tous ceux que je viens de nommer et même de décrire. J'étais assis à l'arrière de la barque, lorsque tout à coup les rameurs s'arrêtèrent. On m'appela à l'avant et l'on me montra, à vingt ou trente mètres de nous, flottant sur la vague et suivant son ondulation, un énorme serpent enroulé sur lui-même. Il formait un cercle parfait au milieu duquel se dressait une tête à aigrette. J'avais mon fusil, je voulus faire avancer les rameurs ; mais ils refusèrent obstinément. Tout ce que je pus obtenir d'eux, ce fut qu'ils ne fuiraient pas. Ils stationnèrent donc, et je pus examiner l'animal à mon aise.

Il pouvait avoir de cinquante à soixante pieds de long, dix-huit ou vingt pouces de grosseur. Sa tête avait le volume d'une tête d'enfant. Les trois couleurs les plus apparentes étaient le rouge, le noir et le blanc. Il avait le ventre jaune et noir, ses écailles étaient visibles.

Les Arabes connaissent cette espèce de serpent. Ils prétendaient qu'il avait deux pattes ou deux nageoires. Malgré l'attention que je mis à l'examiner, je ne vis rien de pareil. Ils prétendaient, en outre, que ces deux pattes l'aidaient à venir à terre. Selon eux, l'animal est amphibie et carnassier. Dans ses excursions sur le rivage, c'est surtout aux moutons et aux chèvres qu'il en veut. Seulemement, les chèvres lui sont plus indigestes à cause des cornes.

On se rappelle le serpent de Régulus, qui avait 165 pieds de long, et que l'on fut forcé de tuer avec des machines de guerre. Ne serait-ce pas quelque serpent dans le genre de celui-ci qui s'était attardé sur le rivage, et à qui l'armée romaine en débarquant avait coupé la retraite?

Le nôtre ne paraissait aucunement préoccupé de notre présence; il était tout entier à une foule d'oiseaux de mer qui voltigeaient au-dessus de lui. Ils finirent par s'approcher tellement que sa tête s'allongea comme par un ressort, et cela si rapidement qu'il saisit un goëland dont il ne fit qu'une bouchée. Alors sa gueule s'ouvrit, et l'on en put voir l'effroyable rictus tout garni de dents. Puis il rentra dans son repos. Les oiseaux, qui s'étaient écartés au mouvement qu'il avait fait, revinrent de nouveau tournoyer autour de lui, et le même acte se renouvela trois ou quatre fois, toujours avec la même stupidité de la part des oiseaux et la même adresse de la part du serpent.

Je profitai d'un moment où il était en train d'engloutir son troisième ou quatrième oiseau pour lui envoyer une balle. Je ne sais où je le touchai ni si je le touchai, mais à l'instant même il se déroula et se mit à nager à la surface de l'eau. Les Arabes poussèrent un cri de terreur et se mirent à ramer de toutes leurs forces vers Caméran. Quant au serpent, il se dirigea vers l'île de Djebel-Sebaïr, où sans doute était son domicile. Nous l'avions trouvé à la hauteur du cap (*ras*) Israël.

Plus tard, dans la mer des Indes, à bord de la corvette le *Cormoran*, qui était allée recueillir les bas-reliefs trouvés dans les ruines de Ninive, et qui était commandée par le lieutenant de vaisseau Cabarel, nous eûmes une seconde apparition pareille à celle-ci. C'était par le travers des Maldives; seulement le reptile, quoique de la même espèce, pouvait avoir une vingtaine de pieds de moins.

J'en vis un troisième dans le canal Mozambique. J'étais cette fois sur un brick de l'imam de Mascate nommé le *Tage* et commandé par le capitaine Husseïn. Ce troisième, à son tour, était plus gros que celui que j'avais vu dans la mer Rouge.

Auparavant, dans le Sennaâr et le Kordofan; depuis, dans le Sahara, à Tuggurt et à Biskra, on m'a souvent parlé, et ceux qui m'en parlèrent n'avaient aucun intérêt à m'en imposer, on m'a souvent parlé de serpents à crinière et qui avaient aussi deux pattes de devant. Ils étaient courts, et pourraient bien être les dragons des anciens.

Quoi qu'on m'eût pu dire sur l'existence de cet animal, j'en doutais encore; mais beaucoup d'Arabes m'affirmèrent en avoir vu, et me citèrent de leurs compagnons qui avaient été dévorés par des monstres de cette espèce, lesquels, selon eux, pouvaient devancer un cheval à la course. Le sultan de Tuggurt, Abd'el-Rahman-Ben-Djellab, me confirma leurs récits.

Je sais bien que les savants traiteront de fable mon serpent de mer et le serpent à crinière du sultan de Tuggurt. Mais n'ont-ils pas traité de fables les *hommes à queue* et les *licornes!* Les hommes à queue sont un fait constaté aujourd'hui. Même chose regarde les licornes, dont j'ai vu aussi un spécimen à l'île Bourbon (hôtel Lannoë) et dont, par suite, j'ai examiné la fameuse corne avec laquelle Hérodote prétend qu'elles percent les arbres. Ce n'est point une corne, mais une excroissance charnue qui se durcit quand l'animal est en colère, et qui devient pour lui une arme défensive des plus dangereuses. La licorne que j'ai vue pouvait être de la grandeur d'un tout petit âne. Seulement, comme les animaux à cornes, elle avait les sabots fendus. C'est dans le Mandara, dans le Loggoum et dans le Donga, à peu près sous l'équateur, que se trouve cet animal prétendu fabuleux.

Sous la même latitude et dans les mêmes contrées se trouve l'*age*, quadrupède complétement inconnu à nos savants d'Europe, et qui, au lieu de défenses, comme l'éléphant et l'hippopotame, porte des cornes d'ivoire. Un prince arabe, que j'avais ramené de mon voyage à Tuggurt, qui s'appelait Mohammed-Ben-Sultan-Abd'el-Djellil, qui était fils du dernier roi du Fezzan, et qui, naguère, a été le héros des événements de Tripoli, en avait vu, en avait chassé, en avait tué, et en laissa un dessin à M. Isidore Geoffroy Saint-Hilaire. Au reste le mot *age*, en arabe, veut dire ivoire.

Du Mandara et du Loggoum, du Mandara surtout, se tirent les négresses les plus estimées des Turcs. Ce sont de véritables Vénus du plus beau noir d'ébène qui se puisse voir. Outre cette qualité qui fait leur principal mérite aux yeux des Orientaux, elles auraient à ceux des Européens celui d'un visage régulier, qui se rapproche du type nubien, l'un des plus beaux de l'espèce nègre.

Seulement les Turcs ont des rivaux fort actifs et surtout fort téméraires dans les singes qui habitent les forêts du Loggoum et du Mandara. J'ai connu un marchand d'esclaves qui faisait tout particulièrement son commerce dans le Soudan, et qui chaque année y accomplissait un voyage en partant du Sennaâr, sa patrie. Il m'a dit avoir eu au nombre de ses esclaves une femme qui avait été enlevée à l'âge de huit ou neuf ans par une bande de singes, et qui était restée sept ans avec eux dans la forêt. Elle ne se plaignait d'aucun mauvais traitement, les singes ayant pour elle, au contraire, toutes sortes de prévenances. Elle avait été retrouvée par une bande de femmes qui allait faire du bois dans ces forêts, où les femmes ne vont que par bandes nombreuses et armées de bâtons, pour qu'il ne leur arrive pas ce qui était arrivé à leur jeune compatriote.

Ces esclaves, qui sont païennes, arrivent sur les marchés de la Mecque et du Caire, par la conquête qu'en font les sultans du Bournou, du Bourgou et du Darfour, continuellement en guerre avec eux sous prétexte de paganisme, mais en réalité parce que ces esclaves sont pour eux une monnaie courante qu'ils n'ont point la peine de faire frapper, et à l'aide de laquelle ils se procurent tout ce dont ils ont besoin.

Revenons à Lohcïa, dont nous ont écarté le serpent de mer, les dragons à crinière, les ages et les négresses.

A Lohcïa, j'avais enfin le pied dans l'Yémen.

L'Yémen se divise en deux parties : la partie de la plaine qu'on appelle le *Théama*, la partie de la montagne qu'on appelle le *Djebel*.

La partie de la plaine a pour capitale Moka et pour chef le chérif Husseïn.

La partie de la montagne a pour capitale Sana et pour chef l'imam de Sana.

La montagne est cultivée et productive; c'est ce

que l'on appelle à proprement parler, aujourd'hui, l'*Arabie heureuse*.

La plaine a moins de titres à cette appellation. La moitié, c'est-à-dire tout ce qui longe la mer, est incultivable et ne produit que les plantes qui viennent dans les terrains stériles.

Cependant, autour des villes principales de la côte, Hodeïda, Moka, Loheïa, se trouvent des bouquets de palmiers, quelques gommiers, des sycomores, l'arbre qui produit le baume de la Mecque, et l'arbre à manne.

Moka particulièrement a toute une forêt de palmiers, Hodeïda a une forêt de gommiers.

A Loheïa, j'étais attendu par le chérif Haçan, gendre du chérif Husseïn, qui lui avait donné des ordres pour me recevoir et m'acheminer jusqu'à lui.

Le chérif Haçan était un bel Arabe de vingt-cinq ans, qui me fit une excellente réception, et décida que nous partirions le même soir. Il n'y avait pas de temps à perdre pour faire transporter les bagages de la mer à son palais. En conséquence, on envoya un exprès à Reïs-Ali. Celui-ci arriva une heure après avec son inséparable Djoûma. Derrière eux venaient Sélim et Mohammed, et, derrière Sélim et Mohammed, mes bagages portés par les nègres du boutre et par les portefaix de la localité.

Je pris congé de Reïs-Ali, qui me renouvela toutes ses protestations d'amitié. Djoûma était à peu près guéri, mais, contre l'habitude, la reconnaissance avait survécu au danger. Reïs-Ali, son Abyssin et ses nègres retournèrent à leur bord. Je restai au palais, où je devins l'objet de la curiosité générale.

Le bruit s'était déjà répandu que je venais de la Mecque, que j'étais médecin, et que j'avais en outre un caractère politique et militaire, et que c'était avec toutes ces recommandations que, sur la demande du chérif Husseïn, je venais dans l'Yémen.

L'empressement que mettait le chérif Haçan à me recevoir, à me faire toutes sortes de fêtes malgré le Ramadan, et à me réunir une escorte, ajoutait encore à la curiosité et au respect que me portait la population.

En effet, malgré le Ramadan, je trouvai un excellent repas préparé. Il est vrai qu'en ma qualité de voyageur la loi de Mahomet me permettait de vivre comme d'habitude, à la condition qu'une fois arrivé à destination je jeûnerais autant de jours que je n'aurais pas observé mon Ramadan, ou que je rachèterais mon péché par des aumônes.

Après le repas, je pris congé de mon hôte et de tout son entourage. Mais il voulut absolument m'accompagner, ce qu'il fit pendant plus d'une lieue, avec sa famille dont tous les membres étaient chérifs comme lui, et qui portaient les deux signes distinctifs de cette dignité, c'est-à-dire la *sommada* (voile de tête pour garantir du soleil) à fils d'or et de soie et la lance ornée de plumes d'autruche. Ces lances en leurs mains sont des armes terribles. A quarante ou cinquante pas, j'en ai vu qui manquaient rarement un talari. Ces lances leur servent dans leurs combats et dans leurs chasses. Une fois à cheval, ils ne la quittent jamais.

A pied, ils sont armés seulement de leurs sabres et de leurs poignards. Ces sabres et ces poignards, à fourreau d'argent, sont faits dans le pays.

Cependant j'ai trouvé un jour un sabre damassé bleu avec des fleurs de lis d'or, et les mots : Vive le roi ! écrits sur le dos de la lame.

Cette lame passait pour avoir appartenu à l'un des nababs les plus célèbres de l'Inde. J'eus grand'peine à les détromper, et finis enfin par leur faire comprendre qu'elle venait de France, et avait appartenu à un garde d'un roi de France.

Au reste, la lance est pour les Arabes une arme symbolique et sacrée. En marche ou au repos, dans le camp ou au douar, quand la lance du chef est plantée devant sa tente, personne n'y entre plus.

Cette famille du chérif Haçan se composait bien d'une soixantaine d'hommes, tous montés sur des chevaux magnifiques, avec des selles d'une richesse merveilleuse et auxquelles adhère le fourreau du sabre, qui, au lieu de battre sur la jambe, passe dessous. On voulut me faire des fantasias, mais tous les cavaliers de cette belle escorte jeûnaient depuis vingt-huit jours ; j'exigeai d'eux qu'ils ne fissent point un exercice au-dessus de leurs forces. Enfin, à une lieue de Loheïa, je les suppliai de rentrer dans leur ville. Ils finirent par céder à mes instances.

Nous mîmes pied à terre, le chérif et moi, et nous nous embrassâmes les deux épaules en signe de congé.

Les Arabes ne s'embrassent jamais à la figure.

Les autres membres de la famille me donnèrent des poignées de main.

Au reste, comme ces adieux avaient lieu près d'une citerne, et que l'heure du *magh'reb*, c'est-à-dire où l'on ne peut plus distinguer un fil noir d'un fil blanc, était arrivée, cet adieu se convertit en halte. Nous fîmes tous notre prière, qui, dans la circonstance, était un échange de souhaits de prospérités. Mes compagnons burent quelques gouttes d'eau et mangèrent quelques dattes, à-compte sur le repas qui les attendait en rentrant chez eux. Cette collation dura un quart d'heure à peu près; après quoi, les adieux se renouvelèrent, mais verbalement et sans gestes. Je refusai le cheval que voulait me donner le chérif Haçan, qui, par ce don, croyait se mettre dans les bonnes grâces de son beau-père. Je montai sur mon dromadaire, ceux qui devaient m'accompagner se rangèrent autour de moi, et nous pointâmes vers le nord, tandis que le chérif Haçan et les siens retournaient du côté du sud.

Cette lieue faite, il nous restait encore vingt-deux lieues à parcourir pour arriver à Abou-Arich. Grâce au dromadaire de course que le chérif Haçan avait mis à ma disposition, j'aurais pu faire cette traite en cinq ou six heures, mais il eût fallu me séparer de mes bagages, et c'est ce que je ne voulais pas.

Le pays est sillonné de tribus errantes et particulièrement de Juifs *réchabites,* indépendants et nomades, qui auraient pu mettre la main dessus, et tout le pouvoir du chérif Husseïn eût, dans ce cas, été impuissant à les tirer de leurs mains.

Je savais, par les gens de mon escorte, que je trouverais sur ma route cinq ou six baraques de jonc et de chaume habitées par des chameliers; c'était là que nous devions prendre quelques heures de repos. Ces baraques nous furent annoncées de loin par de grands feux qui leur servaient d'enseigne; à plus d'une lieue nous les aperçûmes, attendu que nous marchions dans un pays plat, tenant toujours la mer à deux ou trois kilomètres à notre gauche.

La nuit était très-froide; il tombait une rosée qui équivalait à une pluie fine, et, comme toujours, cette bruine était glacée.

Je fis presser la marche des chameaux porteurs, et vers minuit nous arrivâmes aux chaumières — *eschès*, — c'est le nom que donnent les Arabes à ces baraques circulaires, presque toujours surmontées d'un cône.

IV

Les eschès ne sont aérés que par une porte basse et par une petite fenêtre carrée; leur diamètre peut être de dix à douze pieds; au centre est un trou dans lequel on fait du feu, et par extension la cuisine. Les hommes et les femmes ont leurs eschès séparés.

Le lieu où nous faisions halte s'appelle Starrad, et prend son nom d'un petit village qui se trouvait à un quart de lieue sur notre droite, c'est-à-dire du côté des montagnes, et qui pouvait être habité par cinq cents âmes à peu près.

Nous trouvâmes, dans des puits creusés à la profondeur de soixante à soixante-dix pieds, de l'eau en abondance et assez bonne. Cependant elle offre un singulier phénomène. Au moment où on la tire du puits, elle semble parfaitement limpide, mais si on la laisse exposée seulement une demi-heure dans un vase de verre, on s'aperçoit qu'elle précipite une matière noire et compacte qui, sans lui donner aucun mauvais goût, la rend de très-difficile digestion.

Les Bédouins prennent un très-grand soin de ces puits.

On en tire l'eau à l'aide de bœufs ou de chameaux.

Ce tirage fait un très-grand bruit, comme les *norias* d'Espagne; la corde, en roulant sur la poulie, jette des plaintes lugubres qui s'entendent à plus d'une lieue.

Un triple bruit avait, pendant cette marche de nuit, attiré mon attention.

A gauche, la mer Rouge se brisant sur les coraux avec des mugissements réguliers ;

A droite, dans la montagne, les sanglots du chacal, précédant le rauquement du lion, qui, pareil à un tonnerre, retentit d'échos en échos ;

Devant nous, les plaintes mélancoliques des puits, qui semblent les cris d'appel de quelque géant qu'on égorge.

Quant aux feux qui nous avaient guidés vers les baraques, ces feux avaient un triple but : celui de rechercher les voyageurs ; celui de préparer le café ; celui d'éloigner les animaux féroces. Nous avions grand besoin de nous réchauffer ; aussi, les chameaux déchargés et accroupis, nous groupâmes-nous autour du feu.

Notre café pris, le chef de mon escorte, le chérif Mansour, s'approcha de moi et m'invita à regarder certaines figure d'Arabes qui, tout en faisant cercle autour de nous, ne perdaient pas de vue mes bagages.

C'étaient des Béni-Moréan, c'est-à-dire les Arabes les plus voleurs de la montagne.

Nous étions trop forts et trop bien armés pour qu'ils entreprissent sur nous autre chose qu'un vol par surprise. Il s'agissait donc seulement d'avoir l'œil sur les bagages et sur eux. Les chameliers, qui sont responsables des bagages, ouvrirent cet œil-là.

Quant à moi, je m'enveloppai dans mon manteau et m'endormis.

A quatre heures du matin, nous nous réveillâmes. C'est l'affaire des chameaux de réveiller leurs voyageurs. A l'approche du jour, ils soufflent, et, quand on les charge, ils jettent des cris perçants et qui s'entendent de fort loin. Je parle ici des chameaux de la ville, des chameaux civilisés. C'est un grand inconvénient qu'ils ont dans le désert : leurs cris révèlent aux Arabes voleurs la présence d'une caravane. Les chameaux du désert ne crient jamais.

Au point du jour nous étions sur pied.

Toutes les figures suspectes avaient disparu. Cette disparition inquiéta quelque peu notre escorte.

Nous n'étions, avec les deux domestiques et les chameliers, qu'une douzaine d'hommes en tout. Mais à notre petite caravane se joignirent deux ou trois marchands montés sur des ânes et bien armés, faisant même route que nous. Leurs chameaux les suivaient avec leurs marchandises.

Au bout d'un quart de lieue, les Arabes, les yeux fixés sur le sol sablonneux, se montrèrent les uns aux autres des traces qui parurent les préoccuper.

Je les interrogeai.

C'étaient les traces d'une panthère, qui était descendue de la montagne, qui avait rôdé autour de nous et que les feux avaient tenue à distance.

J'en avais chassé en Nubie et dans le Sennaâr, je n'étais donc pas étranger à ces brisées. Nous reconnûmes que les empreintes étaient récentes; d'ailleurs les chameaux renâclaient.

Nous voyagions à travers des espèces de dunes de sable, déplacées pendant toute la nuit par le vent, et l'hiver par les torrents qui se précipitent de la montagne vers la mer Rouge. De place en place, au milieu de cette mer de sable, s'élevaient, comme des îles, de petites oasis de *tarfs* (tamarix), de nabacks et de gommiers.

Chaque oasis se composait d'une cinquantaine, d'une centaine ou même de cent cinquante arbres, qui, liés entre eux par une plante parasite, espèce de stramonium, en rend l'entrée très-difficile, si difficile que les gens du pays s'y réfugient pendant leurs guerres, et en font des espèces de forteresses dont il est presque impossible de les déloger.

Outre les bouquets de bois, les rosées et les pluies font croître de place en place des lacs de verdure, composés de coloquintes, de sénés et d'herbes ordinaires.

D'immenses troupeaux de moutons et de chèvres, conduits par des pâtres, descendent de la montagne et viennent brouter cette herbe. Les animaux de la montagne, loups, panthères, chacals, hyènes et même lions les y suivent. Ces bouquets de bois offrent une admirable retraite à ces animaux.

Outre les moutons et les chèvres privés, ces troupeaux se composent aussi de gazelles sauvages. Ces charmantes petites bêtes sont chassées si rarement, que, voyant des animaux qui se rapprochent de leur espèce, elles viennent sans crainte se joindre à eux et paissent dans leurs rangs. Les pâtres les y laissent paître, et, quand ils ont besoin d'un rôti, ils choisissent celle qui leur convient et la prennent en l'enfermant dans le troupeau.

Ces pâtres sont armés de grands fusils à mèche, à canon génois; ces mèches, qui ont quelquefois trente à quarante pieds de longueur, sont faites avec des filaments d'écorce d'arbre qui brûlent comme de l'amadou. Elles leur servent à serrer autour de leur front un morceau de calicot bleu foncé, qui, avec une chemise de même couleur s'arrêtant au-dessus du genou, forme toute leur garde-robe. Ils marchent constamment pieds nus.

Les cartouches qui servent à charger ces longs fusils sont serrées autour de leur ceinture par une cartouchière de roseaux dans le genre de celle des Circassiens, ce qui ne les empêche pas d'avoir une poudrière en bois, un sac à balles et un amorçoir.

Si un animal féroce attaque le troupeau de l'un d'entre eux, malgré les feux qu'ils allument, celui dont le troupeau est attaqué appelle ses camarades à l'aide d'une petite corne; alors tous se réunissent et font face à l'ennemi. Leurs slouguis dans ce cas, leur servent d'auxiliaires.

Ces bergers, qui veillent constamment sur leurs troupeaux, tantôt dans un canton, tantôt dans un autre, vivent du laitage de leurs chèvres et de leurs brebis, et de pain qu'ils se font eux-mêmes sur un couvercle de marmite en tôle posé sur trois pierres.

Tous les deux ou trois jours, des femmes des douars auxquels ils appartiennent viennent chercher le lait qu'elles emportent dans des outres.

Au détour d'une de ces oasis dont nous avons parlé, nous trouvâmes deux de ces bergers qui suivaient la même trace que nous. La panthère leur avait enlevé un mouton pendant la nuit, et ils voulaient avoir raison de la panthère.

Dès lors il y avait plus de chances de la trouver.

La panthère à jeun continue de vaguer, et regagne parfois la montagne avant le jour. La panthère qui a fait une proie l'enlève sur son épaule comme le lion, l'emporte dans un fourré où elle a ses habitudes, lui brise la nuque et mange à sa faim, commençant par le cœur et le foie.

Elle abandonne les intestins, cache ce qu'elle n'a pas mangé, s'étend dans son repaire et s'endort.

Les deux pâtres étaient un renfort précieux.

Sélim, qui était un chasseur enragé, mit pied à terre, et commença de suivre la piste en leur compagnie. Il avait un de mes fusils à deux coups, chargé d'un côté avec des balles coupées, et de l'autre côté avec une balle franche; ses deux pistolets et son poignard à la ceinture. On fit ainsi, en marchant pas à pas sur la trace de l'animal, qui paraissait être seul et que les Arabes prétendaient être un mâle, le tour de deux ou trois oasis; mais, toujours, à l'endroit opposé à son entrée, on reconnut sa sortie.

Enfin, un de ces bouquets de bois de moyenne grandeur, mais plus fourré que les autres, nous parut servir de fort à l'animal. Trois fois nous en fîmes, ou plutôt nos hommes en firent le tour; trois fois ils reconnurent l'entrée de la bête, mais nulle part sa sortie.

La panthère s'était arrêtée là. Des flocons de la laine du mouton étaient restés accrochés aux épines. Nous commençâmes par entourer le bouquet de bois, et par pousser de grands cris pour essayer de la déloger. Tout resta muet et tranquille dans l'intérieur de l'oasis.

Alors Sélim et les deux pâtres se mirent à lancer des pierres dans l'endroit qui paraissait le plus fourré. Tout resta dans le plus profond silence.

Quelques serpents et quelques lièvres seuls sortirent des grandes herbes. Quelques oiseaux, et surtout des pigeons, s'envolèrent.

Mais ce fut tout.

Ce n'était point à eux que nous avions affaire.

Alors on décida que l'on ferait une décharge de la moitié des fusils. Avec ceux qui resteraient chargés, on attendrait la sortie de la bête. Elle était là; il n'y avait point à en douter : les slouguis des pâtres, excités par nos cris et par les pierres lancées, se hasardaient jusqu'à la lisière du bois, mais, arrivés là, ils refusaient d'aller plus loin, et revenaient tout tremblants se cacher dans les jambes de leurs maîtres.

Les pâtres nous faisaient signe de la tête, et nous indiquaient de la main l'endroit du bois où, selon leur appréciation, la panthère devait être.

On visa à l'endroit indiqué, et cinq ou six coups de fusil partirent en même temps. Il y eut un moment d'attente fiévreuse.

Chacun tenait son fusil prêt à épauler. Rien ne parut que de nouveaux lièvres et de nouveaux oiseaux. Il y avait déjà une demi-heure à peu près que nous perdions notre temps ainsi.

— Voyons, dis-je en arabe, n'y aura-t-il pas un brave qui entre dans le buisson et qui fasse sortir cette bête?

On eût dit que Sélim n'attendait que cette invitation.

— Moi ! dit-il, j'y vais entrer.

Cette bonne volonté fit honte aux deux pâtres.

— Nous aussi, dirent-ils, nous entrerons.

— Moi aussi, dit un nègre du Darfour ; j'ai tué des panthères dans mon pays, et je sais comment on s'y prend.

Nous avions donc quatre hommes de bonne volonté pour un. Ils se placèrent aux quatre points cardinaux de l'oasis, de manière à se rejoindre au milieu.

Chacun, tout en s'avançant, devait siffler, de manière à ce qu'il ne tirât point les uns sur les autres croyant tirer sur la panthère. Les deux pâtres se placèrent, l'un à l'est, l'autre à l'ouest, tirant leurs chiens après eux. Sélim, armé de son fusil, de ses pistolets et de son poignard, et le nègre, armé du seul couteau qu'il portait à son bras, entrèrent, l'un au sud, l'autre au nord.

Au bout d'un instant, les pâtres furent obligés de lâcher leurs chiens qui reparurent à la lisière du bois, tout frissonnants et la queue entre les jambes. Ils embarrassaient plus qu'ils n'aidaient.

C'était une nouvelle preuve de la présence de l'animal. Les fusils déchargés avaient été rechargés, et chacun se tenait prêt. Je crois que le cœur du plus brave d'entre nous donnait quelques pulsations de plus que d'habitude.

Au bout de cinq minutes, on entendit une exclamation.

— Qu'y a-t-il? demandai-je.

— Le mouton, répondit un des deux pâtres.

Il venait de retrouver les restes de l'animal enlevé. La panthère ne devait pas être loin. Il s'écoula encore cinq minutes à peu près pendant lesquelles on n'entendit rien, pas même le froissement des herbes et des broussailles au milieu desquelles s'avançaient les touleurs, ni le sifflement convenu qui indiquait leur marche.

Pour se faire une idée de la scène qui se passait, il faut que nous pénétrions dans l'intérieur de l'oasis.

Soit crainte, soit espérance que la panthère serait demeurée proche de sa proie, le pâtre qui avait retrouvé les restes du mouton était resté à la place où il les avait retrouvés, explorant seulement les alentours.

L'autre avait dévié.

Suivre le droit chemin était difficile au milieu de ces herbes et de ces buissons. L'autre avait donc dévié et avait reparu à la lisière. Voyant qu'il avait fait fausse route, il était rentré. Seuls, Sélim et le nègre avaient bravement pénétré jusqu'au centre. Là, ils s'étaient reconnus, s'étaient rejoints, et avaient poussé des cris en frappant contre les arbres, le nègre avec le manche de son couteau, Sélim avec la crosse de son fusil.

Les deux pâtres avaient répondu à ces cris, mais la panthère n'avait donné aucun signe d'existence. Ils erraient donc à l'aventure, fouillant du regard tous les buissons, quand tout à coup le nègre poussa une exclamation. Sélim, qui était à quelques pas de lui, accourut ou plutôt se traîna jusqu'à lui. Le nègre, silencieux, l'œil fixe, lui montrait de son bras étendu les branches d'un tarf. L'arbre était si feuillu que Sélim ne voyait rien dans ses branches. Alors le nègre prit à la ceinture de Sélim un pistolet et monta sur les premières branches d'un baumier.

Pendant qu'il montait, Sélim vit à travers les feuilles briller quelque chose comme deux charbons ardents; il comprit que c'étaient les yeux de la panthère. Il ajusta entre les deux yeux. Le coup de fusil et le coup de pistolet ne firent qu'une seule détonation. La détonation fut suivie d'un rugissement terrible. La panthère bondit de la branche à terre.

Sélim lui envoya son second coup de fusil en criant:

— A vous! à vous!

La panthère sortit du bouquet de bois, à trente pas de moi. Elle était comme folle. Je lui envoyai mon coup de fusil chargé de balles coupées. J'étais bien sûr de l'avoir touchée; mais, pour avoir les deux mains libres, j'avais passé la bride de mon dromadaire à mon bras. Mon dromadaire prit peur, s'élança et se trouva à cinq cents pas de l'endroit où j'avais tiré avant que j'eusse pu voir l'effet du coup. Je tirai la bride à lui arracher le nez. Il se retourna. Je pus alors voir tous nos chasseurs. Ils étaient en train d'entourer un second bouquet de bois. La panthère, délogée du premier, y avait cherché un refuge. Cinq à six coups de fusil avaient accompagné le mien. On pouvait suivre le trajet de la panthère de l'une à l'autre oasis, à la trace du sang.

Les chiens, encouragés par la fuite de l'animal, étaient entrés dans le second bouquet de bois, et aboyaient furieusement. Le nègre et Sélim s'étaient glissés comme des serpents à travers les lianes et avaient disparu. Sélim n'avait pris que le temps de recharger son fusil, et le nègre son pistolet. Les deux pâtres les appuyaient par derrière, mais avec moins d'ardeur qu'eux.

Bientôt les aboiements devinrent terribles, et un effroyable rugissement leur répondit: puis on entendit un coup de feu, puis un cri de douleur; immédiatement, un second coup de feu, et enfin la voix de Sélim qui criait :

—

Les Arabes poussèrent un cri de triomphe qui correspond à notre hallali.

Puis, un instant après, on vit sortir Sélim, tirant la panthère par la queue, puis le nègre ruisselant de sang. Les deux pâtres fermaient la marche, suivis d'un seul lévrier.

Voici ce qui s'était passé :

La panthère, qui avait eu la patte de devant cassée, par le coup de pistolet du nègre, avait bien pu, en bondissant à l'aide des pattes de derrière, franchir l'espace qui séparait un bouquet de bois de l'autre; mais, entrée dans ce second bouquet de bois, elle avait essayé vainement de grimper à un arbre. Convaincue de l'impossibilité de ses efforts, elle s'était acculée au tronc. Là; elle avait attendu ses ennemis.

Les chiens avaient paru les premiers. L'un d'eux s'était aventuré trop près de l'animal, qui avait sauté sur lui en rugissant, et d'un coup de dent lui avait brisé le crâne. Puis avait paru le nègre. Il avait déchargé son coup de pistolet sur la panthère presque à bout portant. Celle-ci s'était élancée sur le nègre, qui l'avait bravement reçue sur la pointe de son couteau.

Le couteau était entré de toute la longueur de la lame dans le corps de l'animal, qui ne lui en avait pas moins jeté sa patte sur l'épaule, en lui enfonçant sa griffe dans la chair. De là le cri de douleur.

Puis la panthère, la gueule ouverte, avait saisi le nègre à la gorge. Mais dans cette gueule ouverte, avant qu'elle eût eu le temps de resserrer les mâchoires, Sélim avait introduit le canon de son fusil et lâché le coup. La balle avait fait sauter la cervelle de la panthère. Elle s'était détachée du nègre et était tombée morte.

Nous l'examinâmes à loisir. C'était une superbe bête, ayant sept pieds et demi du museau à l'extrémité de la queue. On retrouvait la trace de tous les coups qu'elle avait reçus.

Nous avons dit que le coup de pistolet du nègre lui avait cassé une patte de devant, en même temps que la balle de Sélim qui, on se le rappelle, avait tiré au jugé entre les deux yeux, lui avait labouré le crâne, mais sans pénétrer dans l'intérieur. De là l'espèce de vertige dont elle m'avait paru atteinte. Deux fragments de mes balles l'avaient frappée, un au flanc, l'autre dans les reins. Une autre balle lui avait traversé les chairs de la cuisse. Elle avait un œil crevé par le second coup de pistolet du nègre, une large blessure dans la poitrine provenant de la lame du couteau sur lequel elle s'était jetée, et enfin la tête broyée par le dernier coup de feu de Sélim.

Quant au nègre, il avait quatre profondes déchirures à l'épaule. Dans chacune des rigoles creusées par l'ongle de l'animal le sang coulait, mais il ne voulut pas même que je lui bandasse le bras.

— Bon! dit-il, il fait du vent; dans une heure ce sera sec.

V

Sélim dépouilla la panthère, saupoudra la peau de sel, la roula, la plaça en porte-manteau derrière lui, et remonta sur son dromadaire.

Nous nous dirigions vers le pays d'Assir. A dix heures, nous nous arrêtâmes. Le temps devenait tellement chaud, qu'il était impossible de voyager sous une telle température. Nous fîmes halte dans un de ces petits bois dont j'ai parlé. A quatre heures, nous nous remîmes en route, en nous rapprochant toujours un peu de la montagne.

A mesure que nous avancions, le pays se peuplait, nous rencontrions des bergers.

Vers six heures du soir (il faisait nuit depuis une heure), nous entrâmes dans une vallée longue et étroite qui prend son nom de la montagne, et que l'on appelle El-Sedj. Chez les Arabes, cet endroit passe pour être très-dangereux, au point de vue tant des animaux féroces qui y font leur repaire, que des bandes d'Arabes voleurs qui le parcourent et qui viennent du pays de Sahan.

Nous entendîmes force rauquements de lions, rugissements de panthères, glapissements de chacals autour de nous. Mais nous ne vîmes que quelques-uns de ces animaux qui traversaient le chemin, rapides et se coulant comme des renards. En fait de gens, nous ne rencontrâmes qu'une petite caravane qui venait de l'Assir et se dirigeait vers Moka. A cette clarté qui ne s'éteint jamais sous le ciel d'Orient, même en l'absence de la lune, nous les reconnûmes pour des guerriers. Ils étaient armés jusqu'aux dents.

En général, les hommes de l'Assir sont très-braves; ce sont les Tyroliens de l'Orient. Méhémet-Ali a usé contre eux ses dents et ses griffes de lion. Sur quelques-uns il a réussi par l'argent; mais, généralement, il a échoué par le fer. Il a perdu cent mille hommes et son fils Toussoum-Pacha.

Nous nous mîmes en communication avec eux.

Ils venaient de Kalataï, et, comme nous l'avons dit, se rendaient à Moka. Leur chef s'appelait Abd'el-Wahab. C'était un homme d'aspect imposant et qui parlait avec beaucoup de dignité. Il montait un magnifique dromadaire blanc, qu'il manœuvrait avec une étonnante perfection. Contre l'habitude, il avait des étriers à sa selle. Il servait encore non-seulement de chef, mais d'éclaireur à sa petite troupe, composée d'une quinzaine d'hommes y compris la domesticité.

Il se renseigna beaucoup auprès de nous du chemin, des obstacles, des forces qui se trouvaient dans les villes où nous avions passé, des vaisseaux étrangers stationnant dans les ports; il nous demanda d'où nous venions et où nous allions.

Nous ne répondîmes à toutes ces questions que les seules paroles qui peuvent être versées dans l'oreille d'un ennemi ou d'un inconnu.

Il avait reconnu que je n'avais point l'accent arabe · en outre, mon costume égyptien l'intriguait fort. Il avait fait la guerre contre des costumes pareils ; j'étais a ses yeux un agent du pacha d'Egypte ou du gouvernement turc.

Il prit le chérif Mansour à part pour lui faire toutes ces questions, interrogeant, quoiqu'il fût à vingt-cinq lieues de son pays, comme s'il eût été sur ses propres terres. Mansour lui fit observer que nous étions dans la principauté du chérif Husseïn, que la police de cette principauté appartenait donc au chérif. Cela parut une assez mauvaise raison à Abd'el-Wahab, le chérif Husseïn payant au chef de la république assirienne un tribu annuel de vingt-cinq mille talaris, afin de conserver sa bonne amitié et d'empêcher les tribus errantes de l'Assir de venir faire des razzias sur ses terres.

Nous nous séparâmes enfin d'Abd'el-Wahab, fort enchantés d'en être quittes sans avoir été obligés de tirer le sabre. Mais je suis convaincu que le chef assirien envoya un courrier pour me signaler aux frontières de son pays.

Vers dix heures du soir, nous arrivâmes à un petit village appelé Sabbea. Ce petit village se composait de quelques huttes en terre, en roseaux et en fiente de vache, ayant toutes la forme conique et circulaire. Une chose qui me frappa, c'est qu'elles avaient des puits à la manière française, avec des perches formant bascule. Nous nous arrêtâmes et mîmes pied à terre.

On nous apporta à l'instant même un mouton rôti à la manière arabe; on nous reconnaissait pour des hommes appartenant au chérif Husseïn dont la forteresse n'était plus qu'à sept ou huit lieues.

On joignit au mouton rôti du lait aigre, des dattes et du pain frais que les femmes se hâtèrent de poser devant nous.

Nos chameaux eurent part à la libéralité et obtinrent de l'eau en abondance.

C'était un tableau des plus pittoresques que celui de notre halte avec le concours empressé des hommes, des femmes et des enfants, tout cela à demi nu, éclairé par la réverbération des feux.

Quelques-unes de ces femmes me parurent très-jolies. Elles portaient comme ornement des bracelets en ébène, en ivoire, en cuivre, en argent, presque toutes à la cheville des pieds et aux poignets, quelques-unes, — et je remarquai que c'étaient les plus jolies, — au-dessus du coude. Leurs cheveux étaient séparés en une multitude de petites tresses qui pendaient sur leur dos avec des ornements de coquillages et de verroteries. Quelques-unes avaient des colliers de verre. Leurs poignets étaient, à l'intérieur du bras et jusqu'à la saignée, tatoués avec de l'indigo. Le tatouage représentait une espèce de dentelle d'un très-joli dessin. La figure avait quelque trace de ce tatouage au menton et entre les deux yeux; quelques-unes s'étaient fait sur les joues ce que nous appelons des grains de beauté; d'autres avaient les narines percées par le cartilage du milieu, et portaient, soit à gauche, soit à droite, jamais des deux côtés, une petite lentille d'une pierre bleue ressemblant au lapis-lazuli.

Les plus vêtues de ces femmes portaient une chemise en toile bleue, à longues manches, presque aussi amples que la chemise elle-même. Elles retroussent ces manches et les lient derrière leurs têtes quand elles travaillent. Cette tunique est jusqu'à la ceinture ouverte par devant comme la chemise d'un homme.

Les moins vêtues portent une espèce de voile dans lequel elles se drapent, mais les bras et les épaules restent nus.

Ce sont en somme de fort belles créatures, avec des yeux magnifiques, bordés de *koh'ol* (galène au sulfure de plomb pulvérisé), des dents blanches et bien alignées, le nez aquilin, les joues rondes, le col long, des bras et des jambes qui pourraient servir de modèles à des statuaires.

Les enfants, filles et garçons, au-dessous de sept ans, n'ont pas de vêtements.

La halte dura deux ou trois heures. Pendant ces deux ou trois heures, les femmes nous apportèrent des gâteaux, du pain frais, du bassida, du lait, et allumèrent nos pipes.

Il fallut remonter à dromadaire. Hommes et femmes nous donnèrent la main et nous souhaitèrent bon voyage.

Dès notre arrivée, un courrier avait été envoyé au chérif pour lui annoncer que j'approchais, et que le lendemain matin nous serions à Abou-Arich.

Le reste de la nuit se passa sans accident.

Le pays que nous traversions changeait d'aspect. Nous passions tout doucement, de la solitude de la montagne et du désert de la plaine, à une contrée cultivée et habitée.

A deux lieues de distance, au milieu des arbres dominant une plaine d'un aspect tourmenté, nous aperçûmes les forts d'Abou-Arich, forts qui rappellent de loin ces châteaux du moyen âge dont on retrouve les ruines dans les Vosges et sur les bords du Rhin.

Au milieu de ces forts, on reconnaît à son importance la maison de récente construction habitée par le chérif, son fils et ses femmes. Les autres forts sont habités par ses frères.

Ces bâtiments sont de construction arabe. Rien n'a changé depuis Grenade et Cordoue; c'est un spécimen très-curieux de l'architecture du douzième siècle.

A une lieue d'Abou-Arich à peu près, le chérif Mansour ralentit à dessein le pas. J'ignorais qu'il eût envoyé un messager, mais je connaissais assez les Arabes pour me douter qu'il attendait quelque chose. De mon côté, pour ne point donner ces signes d'impatience qui chez les Arabes sont indignes d'un homme, je me gardai d'interroger.

Tout à coup le chérif étendit la main dans la direction d'Abou-Arich, et me montra un nuage de poussière en me disant :

— Voici le chérif Husseïn qui vient te recevoir.

Je m'inclinai devant cet honneur, et nous nous remîmes en marche assez rapidement pour épargner à sa seigneurie le plus de chemin possible. Au bout d'un quart d'heure, les deux troupes s'étaient rejointes ou plutôt s'étaient arrêtées à cinquante pas l'une de l'autre.

Je mis pied à terre, le chérif Husseïn en fit autant ; je m'avançai vers lui, lui vers moi ; nous nous donnâmes la poignée de main maçonnique et l'accolade en usage.

Le chérif Husseïn était un homme de quarante-cinq ans, au visage basané et plein de caractère. Il avait le front très-élevé et couvert de rides, les yeux noirs et très-perçants, *occhi griffani*, comme dit Dante ; le nez droit, petit, bien fait, peu de barbe, quoiqu'il la portât entière ; ce peu de barbe grisonnait.

Il portait un beau cachemire rouge, roulé en forme de turban autour de sa tête; il était vêtu d'une abbaïa en drap écarlate, dont le collet était brodé et la doublure galonnée. Sous cette abbaïa, il portait une chemise en étoffe de Trébizonde, claire comme une gaze, avec des manches brodées à la façon de la dentelle. Cette chemise traînait jusqu'à terre.

Le tout était serré autour du corps par une ceinture de maroquin rouge, brodée d'or, large de six doigts. A cette ceinture étaient, d'un côté, son poignard, et près du poignard la petite sacoche où il enfermait son Coran. Il tenait à la main, selon la coutume des Arabes de l'Yémen, son sabre dans le fourreau.

Il était entouré de plus de cent cavaliers. Ces cent cavaliers étaient tous de sa famille. C'étaient son fils, ses frères, ses neveux, ses cousins. Tous étaient splendidement vêtus, et portaient des lances, des sabres, des poignards. Les fusils étaient abandonnés aux domestiques. Ils avaient tous de très-beaux chevaux. Le chérif montait une jument, les juments ayant l'allure plus douce.

Derrière cette troupe d'hommes venaient une quinzaine de nègres magnifiques, armés de fusils garnis d'argent. Ils étaient vêtus d'une simple chemise en étoffe bleue, avec turban pareil.

Le cortége était complété par cinq ou six eunuques abyssins. Un de ces eunuques tenait un parasol en étoffe rouge, dont il ombrageait le chérif Husseïn, marchant près de lui, faisant autant de pas qu'il en faisait.

Ils étaient vêtus en étoffe de nankin des Indes. Ils avaient la tête couverte d'un turban de mousseline des Indes blanche très-coquettement roulée; une des extrémités de l'écharpe leur passait sous le menton et pendait derrière leur épaule. Ce turban ajoutait au caractère féminin de leur visage.

C'était, avant ses parents mêmes, la garde personnelle du chérif. C'étaient ses ordinaires, comme on disait des quarante-cinq du roi Henri III, les exécuteurs de ses ordres les plus secrets, au besoin ses bourreaux, ses muets.

La férocité de ces espèces de monstres ne pourraits

comparer qu'à celle du serpent, dont ils avaient le mouvement souple et le caractère rampant. Le chérif Husseïn leur eût ordonné de tuer tous ses parents, depuis le premier jusqu'au dernier, son fils compris, qu'ils eussent obéi sans sourciller.

C'était parmi eux qu'il avait choisi son *khesnadar*, ministre des finances; son *sahab-el-tàba*, garde des sceaux; son *vizir*, ministre de l'intérieur et de la police. Au reste, ces malheureux étaient d'une bravoure inouïe; dévoués jusqu'à la mort, ils se fussent fait tuer pour leur maître. La nuit, ce sont eux qui montent la garde près du chérif; le jour, ce sont les introducteurs des étrangers. Si une femme du chérif désire lui parler, elle n'y parvient que par l'entremise d'un de ses eunuques. Il en est de même de ses fils et de ses parents. Ces eunuques sont en général des Abyssins qu'on achète esclaves et tout enfants. Ce sont des prêtres cophtes qui les vendent.

Toutes les cérémonies de ma réception accomplies, on fit approcher un cheval que le chérif Hussein avait amené avec lui. Je me mis en selle, et nous nous acheminâmes vers Abou-Arich. Aux portes de la ville, hommes, femmes, enfants, qui avaient vu sortir le chérif, attendaient sa rentrée.

Nous étions au 1er octobre.

On m'installa provisoirement dans un kiosque bâti au milieu d'un jardin près de la forteresse.

J'y restai un jour seulement.

Tout en laissant le kiosque à ma disposition, le chérif Husseïn me fit conduire, le 3 octobre, à ma véritable demeure. C'était une forteresse aussi, presque aussi considérable que celle du chérif lui-même. J'y trouvai plusieurs grands appartements décorés de nattes posées sur le parquet, d'arabesques sculptées dans la muraille, de peintures, de fleurs et d'étagères, le tout brillant de ces couleurs que les Arabes ont seuls le secret de conserver vives sans les faire crues.

Dans les antichambres se tenaient les gardes et la domesticité. La garde se composait de *Kobaïlles* (Kabyles) des montagnes ; la domesticité, de nègres.

De ces antichambres on passait dans un divan ou

salle de réception. Ce divan était beaucoup plus grand et beaucoup plus orné. Il était dallé en marbre, le plafond se composait d'arabesques dont le fond était une petite glace.

Posé sur le sol et adhérent de tous côtés aux murs, s'étendait le siége qui donne son nom à l'appartement, — le *divan;* — il était recouvert en très-belle étoffe de l'Inde, soie et laine, et supportait des coussins divisibles, mais posés l'un sur l'autre sans interruption.

Dans ce divan quatre portes étaient percées. Elles se faisaient face, formant la croix grecque. L'une de ces portes était celle par laquelle on entrait. Celle qui lui faisait face donnait dans la chambre à coucher.

Tout cela était dominé par une terrasse d'où on découvrait entièrement le pays, et au pied des murailles la ville d'Abou-Arich. Du haut de cette terrasse, je comptai les citadelles. Y compris la mienne, non compris celle du chérif, il y en avait vingt-deux. Hors de la ville était la citadelle du chérif Husseïn, qui, près des autres, semblait un géant. En effet, on eût pu y loger dix mille hommes. En cas de révolte, le chérif Husseïn pouvait de la sienne pulvériser toutes les autres.

La ville est couchée dans une vaste plaine ouatée de moussouâks et de jasmins. A deux lieues à peu près de la ville s'étendent des forêts de ces deux arbustes.

Les intervalles sont remplis de hautes herbes qui servent de pâturage aux animaux domestiques, et tachetés de champs de trèfle et de luzerne dont le vert sombre tranche avec leur vert maladif et pâle.

La ville se compose de constructions en pierre et de constructions en bambous. Ces constructions se divisent en maisons particulières et en caravansérails, en maisons d'été et en maisons d'hiver.

Les caravansérails, où les marchands déposent leurs colis, sont construits en brique cuite, et n'ont qu'un seul étage au-dessus du rez-de-chaussée.

Comme architecture, ils n'ont rien de remarquable.

Les maisons sont ou rondes ou carrées ou rectangulaires. Elles sont construites en charpente, et recouvertes, au lieu de chaume, en touffes de hachich qu'on lie avec des cordes.

Le chérif Husseïn n'avait pour habitation que sa citadelle. Le récit du principal épisode de sa vie fera comprendre ce culte de la forteresse. Husseïn, successeur d'Ali, roi de l'Yémen, était l'aîné d'une quinzaine de frères. Dix l'entouraient comme une garde à Abou-Arich. Au nombre de ces dix frères était le chérif Hammoud.

Husseïn était fils d'une négresse. Ses autres frères, tous fils de blanches, se voyaient avec peine primés par le mulâtre.

En même temps les Anglais, qui possédaient Aden depuis 1839, avaient les yeux sur tout le pays, et principalement sur le littoral de la mer Rouge.

Hammoud, qui avait l'intention de se révolter, se mit en communication avec eux.

Husseïn, pour traiter ses frères en princes, et en même temps pour les avoir sous sa main, leur avait donné à chacun, aux appointements de 500 talaris par mois, l'administration d'un des districts de ses états.

Ainsi l'un commandait à Loheïa, l'autre à Djézan, un troisième à Hodeïda, un quatrième à Moka, et ainsi de suite.

En cas de révolte de l'un, les neuf autres étant à sa solde, il pouvait les réunir contre lui.

Hammoud, ayant fait son traité avec les Anglais, se révolta.

Chaque année, à l'époque du Ramadan, toute la famille se réunit à Abou-Arich. Cette année-là, Hammoud, qui n'avait encore rien laissé transpirer de ses projets, se réunit avec les autres.

Seulement, Husseïn connaissait les dispositions de son frère : il savait ses relations avec les Anglais; il savait que les Anglais lui avaient promis le chérifat d'Abou-Arich et lui avaient fourni de la poudre et des boulets; qu'il avait fait des conventions secrètes avec des tribus de Kobaïlles, qui s'étaient mises à son service; qu'il avait enfin engagé des Turcs, surtout des artilleurs.

Il ne lui en fit pas plus mauvaise mine, mais il se tint sur ses gardes et s'assura le concours de ses autres frères.

Chérif-Hammoud fut appelé près de Chérif-Husseïn pour lui rendre compte de sa conduite. Hammoud nia tout, et fit à son frère mille protestations de dévouement. Husseïn, qui voulait voir jusqu'où irait sa trahison, feignit de le croire, tout en faisant un signe convenu à ses eunuques. Ce signe était l'ordre de charger les canons de sa terrasse. Les autres frères, qui avaient assisté à la conférence et qui s'étaient engagés envers Husseïn, se retirèrent aussi sur un signe, chacun dans sa forteresse.

Rentré dans la sienne, Hammoud signala hautement sa trahison en faisant feu sur la citadelle de son frère. Il avait introduit dans la sienne 500 Kobaïlles et une douzaine de canonniers turcs et arabes. Le chérif Husseïn était prêt à repousser l'attaque. Sa riposte au feu de Hammoud fut le signal pour les neuf autres frères de faire feu à leur tour. On tira tout un jour et toute une nuit, les boulets se croisant au-dessus de la population d'Abou-Arich.

Enfin, au bout de vingt-quatre heures de canonnade, la citadelle d'Hammoud s'écroula, et le rebelle fut obligé de venir à discrétion demander le pardon de son frère.

Contre toutes les traditions de la politique arabe, Chérif-Husseïn se contenta de lui enlever son commandement, qu'il donna à un autre de ses frères, le chérif Heïder. Il lui fit grâce de la vie; seulement il le força de se fixer à Abou-Arich, et l'appauvrit au point qu'il ne fût plus à craindre.

Dans cette position, Hammoud feignait de se repentir. Je le vis pendant mon séjour à Abou-Arich, et je suis convaincu que ce repentir n'était pas vrai.

C'était un an après ces événements, à l'anniversaire même du Ramadan, que j'arrivais chez le chérif Husseïn, et que celui-ci m'initia à ses projets.

Une fois arrivé à Abou-Arich, le voyage terminé, je commençai mon jeûne au moment où les autres allaient finir le leur. Je n'ignorais pas qu'en ma qualité de nouveau converti tous les yeux étaient fixés sur moi. Je ne devais donc, sous le rapport de l'exécution de mes devoirs religieux, laisser aucune prise à la critique, pis que cela, à la défiance

Tous les soirs, je faisais la prière Magh'reb avec le chérif et sa famille. Cette prière était suivie du repas du soir.

Après le souper on se dédommageait du silence qui avait régné pendant le repas.

Je ne sais quels étaient les sujets d'entretien avant mon arrivée, mais depuis cette arrivée les deux grands textes de conversation étaient la religion chrétienne et la France.

Ces deux sujets de conversation, non pas épuisés, car ils étaient inépuisables, mais remis au lendemain, on parlait science. Le chérif Husseïn était excellent astronome. Selon les Arabes, il lisait non-seulement dans les cieux, mais encore dans l'avenir.

Le terme du Ramadan arriva pour tout le monde, excepté pour moi. Il fut annoncé par vingt et un coups de canon, et les trois jours de fête qu'on nomme chez les Turcs le *Koutchêc-Beïram*, et chez les Arabes *Aïd-el-Segh'ir*, c'est-à-dire la petite fête, commencèrent. Cette *petite fête* est la Pâque des musulmans. A propos du Koutchêch-Beïram, toute la population musulmane s'émeut, du Caucase à la côte de Zanguébar. Les musulmans mettent leurs plus beaux habits et font faire des habits neufs à leurs enfants. Ils se visitent, comme nous faisions au jour de l'an avant l'invention des cartes, pauvres et riches indistinctement, ne faisant pas de différence. On prend du café, on vous offre des confitures et des bonbons. Les grands retiennent auprès d'eux les personnes de leur intimité, et l'on dîne et soupe ensemble.

Chérif-Husseïn était excessivement généreux pendant ces trois jours. Ces trois jours devaient lui coûter une cinquantaine de mille francs, qui ici en représenteraient deux cent mille : à Abou-Arich, on vit grandement avec cinq sous par jour.

Le Beïram est le jour des présents; mais, au lieu que ces présents se fassent de supérieur à inférieur, comme chez nous, ils se font d'inférieur à supérieur. C'est que ces présents sont intéressés : comme on dit chez nous, on donne un *œuf* pour avoir un *bœuf*.

Des gens complétement étrangers à son principalat, entièrement hors de sa juridiction, des gens attirés par la réputation de générosité du chérif Husseïn, venaient de trente, quarante, cinquante lieues. Ils amenaient avec eux des bœufs, des chameaux, des dromadaires, des moutons, des mules. Le chérif recevait les donateurs, les gardait quinze jours, trois semaines, un mois, le temps qu'ils voulaient rester. Puis, lorsqu'ils venaient prendre congé, on leur donnait quatre fois la valeur de leur présent.

J'ai vu des Arabes lui amener leur fille. Le cadeau dans ce cas était proportionné à la beauté de l'enfant et à la condition du père. C'était un double calcul. Si la fille devenait favorite du chérif, le père s'en ressentait.

Mon cadeau à moi fut l'investiture.

Le premier jour du Beïram, Chérif-Husseïn m'envoya son vizir et plusieurs membres de sa famille pour m'accompagner dans la visite que je devais lui faire. Arrivé chez lui, il me reçut au milieu de toute sa cour, me fit offrir pipe et café, non pas comme à un inférieur, mais comme à un égal, sinon en pouvoir, du moins en connaissances. Je me doutai qu'il avait quelque bonne intention à mon égard ; mais, comme nous n'avions eu encore aucune conférence à l'endroit des services qu'il pouvait attendre de moi, j'ignorais quelle était cette intention.

Lorsque la foule fut un peu écoulée et qu'il ne se trouva plus entouré que de sa famille et de ses principaux employés, il me fit asseoir à côté de lui et me dit :

— Hadji, je t'ai fait venir de la Mecque parce que je connaissais ta science, ton courage et ta sagesse ; je t'ai fait venir non pas pour te donner près de moi une place inférieure ; je sais ce que tu vaux, tu es des miens. Je vais donc te conférer un commandement qui te fera ici l'égal de tous, et, en mon absence, le supérieur de tous.

Il fit un signe, et ses eunuques apportèrent mon

cadeau. C'était un sabre de vermeil très-riche, un turban de cachemire, et le manteau rouge de *serdar*, titre correspondant à celui de généralissime de ses troupes.

Revêtu de ce costume, j'avais le pas sur tout le monde, même sur ses frères. J'étais son second.

Tandis que l'un de ses ministres lisait aux assistants le firman qui m'élevait à cette dignité, je fus écrasé des compliments de tous ceux qui m'entouraient.

Lorsque j'eus le sabre à mon côté, le turban sur la tête, le manteau sur les épaules, le chérif Husseïn me donna l'accolade, ses frères en firent autant, et nous passâmes dans la salle du déjeuner, où ne restèrent rigoureusement que sa famille et ses ministres.

En me quittant, Chérif-Husseïn me prit à part. Il me dit :

— Hadji, j'ai de grands projets; nous en causerons avec détail dans un moment plus favorable; je compte d'avance sur ta prudence et ta discrétion.

Je sortis, accompagné du jeune Husseïn, son fils.

et de ses frères et neveux, qui me reconduisirent avec mon escorte jusqu'à ma forteresse, distante d'un quart de lieue à peu près de celle du chérif.

A partir de ce moment, j'eus une garde d'honneur.

Le lendemain, le chérif me rendit ma visite avec tous ses frères. Le mois d'octobre se passa en visites et en causeries. Mais, le Ramadan terminé, le chérif me fit inspecter à cheval Abou-Arich et ses forteresses. Le tour de la ville achevé, nous rentrâmes dans la citadelle de Husseïn.

Là, il me demanda mon avis sur la défense d'Abou-Arich, me priant de lui parler sincèrement. Il avait, disait-il, des projets pour lesquels l'appréciation exacte de la force qu'il pouvait opposer à une armée européenne lui était nécessaire.

Je lui fis répéter une seconde fois qu'il désirait que je fusse sincère. Il ne m'en pria pas, il l'exigea. C'était grave à lui dire.

VI

Le chérif croyait Abou-Arich beaucoup plus fort qu'il ne l'était réellement.

Il avait trois ennemis principaux.

Le premier, l'imam de Sana, mécontent de voir l'Yémen entre les mains d'un rival; le second Aït d'Assir, qui pouvait faire, du jour au lendemain, invasion dans les États du chérif; enfin, troisièmement, les Turcs, qui en étaient aux pourparlers pour reconquérir l'Yémen, mais qui pouvaient en venir à la force ouverte.

Tant qu'on n'aurait affaire qu'à l'imam de Sana et à Aït d'Assir, à moins d'un déploiement considérable de forces de la part de l'un ou de l'autre de ces deux princes, on pouvait encore les repousser. Mais si l'on arrivait à avoir affaire à des troupes régulières, instruites à l'européenne, il était évident qu'Abou-Arich ne pouvait résister à notre stratégie moderne.

Cette affirmation à l'endroit des troupes régulières, instruites à l'européenne, paraissait singulièrement le préoccuper. Il essaya alors de défendre sa ville. Il me vantait la hauteur de ses murailles, la force de ses vingt-deux citadelles.

Je lui répondis que c'était justement cela qui faisait sa faiblesse.

Husseïn fronça le sourcil et crut que je voulais me moquer de lui. J'essayai de lui expliquer alors que, depuis l'invention du canon, le système de défense des villes avait complétement changé.

Abou-Arich était une véritable cité du moyen âge, construite pour résister aux traits, aux machines de guerre et à l'escalade, mais facile à incendier avec la plus petite fusée, à battre en brèche avec du canon, ses murailles, dans leur plus grande épaisseur, n'ayant pas plus de trois pieds.

Le chérif me demanda alors comment étaient faits les remparts des villes européennes.

Je lui dis que la France avait produit, il y avait deux cents ans, un homme de génie nommé Vauban, qui avait compris que plus les murailles étaient élevées, plus elles étaient faibles, puisque par leur élévation même elles donnaient prise au canon. Dès lors, on avait creusé au lieu de bâtir. Puis, complétant son propre système, Vauban avait inventé les parallèles, les cavaliers de tranchée, le tir à ricochet. Il avait changé la marche des sapes, il avait fait de l'attaque et de la défense d'une ville une espèce de partie d'échecs, dont on pouvait d'avance, non-seulement prédire le résultat, mais du résultat indiquer le jour et l'heure.

Je voyais que, sans repousser entièrement ce que je lui disais, mes paroles produisaient en lui un étonnement qui approchait du doute. Il me pria de lui rendre, si la chose était en mon pouvoir, la démonstration sensible. Je demandai à remettre la chose au lendemain, mais son imagination était montée.

— Pourquoi pas aujourd'hui? me demanda-t-il.

— Alors, lui répondis-je, je dois aller prendre certains instruments chez moi.

— Va, me dit-il, et reviens.

Je sortis, non pas pour aller chez moi, où je n'avais rien à prendre, mais pour lui faire dire par un de ses eunuques que je désirais, pour les explications que j'avais à lui donner, rester seul avec lui, ou du moins n'avoir pour témoin de notre entretien que les personnes dans lesquelles il avait toute confiance.

L'heure de la sieste approchait. Il pouvait donc sans affectation se débarrasser des importuns.

Quand je rentrai près du chérif, je vis que son frère et son neveu Abou-Taleb et Abd'el-Mélek étaient restés seuls avec lui dans son appartement.

Le chérif Husseïn me demanda alors pourquoi j'avais employé cette ruse pour demeurer seul avec lui et quelle cause m'avait empêché de parler devant les autres assistants.

Je m'inclinai devant lui, et d'un signe lui montrai son frère et son neveu.

— Tu peux parler devant eux, me dit-il; je suis

seul quand je suis avec Abou-Taleb et son fils.

— Seigneur, lui dis-je, comme notre entretien doit avoir pour but de te montrer la faiblesse d'Abou-Arich, toujours au point de vue européen, je n'ai point voulu te signaler les points faibles devant des étrangers.

— Ceux qui étaient là n'étaient point des étrangers, répondit le chérif Hussein ; c'étaient mes frères.

— Des frères sont quelquefois plus dangereux que des étrangers, lui répondis-je ; témoin le chérif Hammoud.

Husseïn réfléchit un instant, puis, me tendant la main :

— Tu es un homme sage, dit-il ; parle, nous sommes seuls.

Husseïn était assis sur des tapis, Abou-Taleb et son fils se tenaient debout.

Abou-Taleb était un homme très-distingué. Le chérif le traitait d'égal à égal. S'il y avait en lui quelque impatience d'entendre mes explications, cette impatience ne paraissait dans aucun des traits de son visage.

Le jeune homme n'était point aussi complétement maître de lui-même. Ses grands yeux vifs et intelligents témoignaient de sa curiosité.

Un coup d'œil me suffit pour me rendre compte de tout.

Je me retournai, et voyant que, selon son habitude, Sélim m'avait accompagné et se tenait debout à la porte, je lui ordonnai d'aller me chercher la valeur d'une couffe, c'est-à-dire un boisseau et demi, de ce sable rougeâtre et argileux avec lequel les Arabes font de la poterie et des briques. Il obéit. Husseïn attendait très-tranquillement. Dix minutes après, l'argile était à ma disposition.

— Montons sur la terrasse, dis-je au chérif.

Nous montâmes. Cette terrasse était un immense carré, avec un vide au milieu éclairant la cour.

En Arabie, le sable remplace les cartes; à l'aide du sable on prédit l'avenir.

Aussi, quand le chérif Husseïn me vit demander du sable, crut-il naturellement que c'était pour me livrer à quelque opération magique, ce qui ne l'étonnait aucunement. Il fut bientôt détrompé. Ce que je voulais faire avec ce sable, c'était la circonvallation d'une forteresse.

Je pris sa citadelle pour base. Je fis un plan en relief des fortifications que j'y eusse appliquées comme ingénieur, si j'eusse été chargé de la fortifier.

Je figurai les fossés s'enfonçant au pied des remparts, les remparts ne dépassant les talus extérieurs que de deux ou trois pieds. J'essayai de lui faire comprendre ce que c'est qu'un redan, et comment les feux se croisent; ce que c'est qu'un cavalier, une demi-lune, une redoute, une lunette.

Après lui avoir expliqué le système de défense, je lui démontrai le système d'attaque. Je traçai une tranchée, je figurai une sape, je parvins à lui faire comprendre ce que c'était que le tir à ricochets. Enfin je fis le plus concisément et le plus simplement possible la théorie d'un siége, attaque et défense.

A partir du moment où j'avais commencé ma démonstration, Husseïn avait été tout yeux, tout oreilles. Il ne comprenait pas tout, mais le peu qu'il comprenait lui donnait le désir de comprendre davantage. Alors il insistait, me faisait répéter jusqu'à ce qu'il comprît parfaitement. La démonstration dura jusqu'à l'heure de la prière. Il n'y eut ce jour-là ni sieste ni visites ; il renvoya tout le monde. J'étais en ce moment l'univers à ses yeux.

Chérif-Abou-Taleb et son fils ne prenaient pas moins d'intérêt que Husseïn à cette leçon de stratégie.

J'ai dit que tout ce travail avait été fait au point de vue de sa citadelle, qui, de cette façon, pouvait défendre la ville, et, en cas de rébellion, s'imposer à elle. Il comprit parfaitement quelle supériorité un pareil travail exécuté lui donnerait comme défense contre l'étranger et comme domination sur sa ville.

Sa première demande fut :

— Combien te faudrait-il de temps peur exécuter ce que tu viens de me montrer?

— Avant de te satisfaire sur ce point, répondis-je, il est nécessaire que je connaisse tes moyens d'action, c'est-à-dire les bras, les matériaux et l'argent.

— Explique-toi, demanda-t-il.

— Je désire savoir combien de terrassiers tu peux mettre à ma disposition.

— Autant que tu en voudras, me répondit-il.

— Quel salaire leur donneras-tu?

Chérif-Husseïn ne comprit pas ou ne voulut pas comprendre.

J'insistai.

— Je leur donnerai la nourriture, dit-il.

Cette nourriture consistait en un pain de millet, un peu de riz, un peu de beurre, quelques dattes, et cinq ou six pipes de tabac. Cela faisait à peu près cinq sous par homme.

— Pour de pareils travaux, lui répondis-je, cela ne suffit pas.

— Enfin, ajouta-t-il, le travail fini, je leur donnerai un habit.

C'était, après deux ou trois ans de travaux, leur promettre une prime de quarante sous.

Je lui répondis encore que cela ne suffisait pas; que, surtout sous ma direction, à moi étranger, il y aurait des révoltes. Il m'interrompit.

— Je ferai couper le cou aux révoltés.

— Chaque cou coupé, lui répondis-je, fera deux bras de moins, sans compter que tes ennemis, en voyant les travaux que tu feras, auront l'idée d'en faire de pareils, ou, s'ils ne l'ont pas, au moins de t'enlever ton monde.

— Mais combien te faudrait-il d'hommes? me demanda-t-il.

— Cinq mille, répondis-je.

— En combien de temps auront-ils achevé?

— Quelles sont les heures de travail constituant une journée?

— Depuis le lever du soleil jusqu'à dix heures; depuis trois heures jusqu'à la prière du soir.

— C'est trop pour la nourriture que tu leur offres. Ils mourront à la peine, et les fortifications s'arrêteront faute de bras et tu ne trouveras peut-être pas à les renouveler.

— Mais, pour qu'ils travaillent dix heures, que faut-il donc leur donner?

— Double ration et une solde régulièrement payée.

Il regarda son frère comme pour l'interroger.

– Hadji me semble dans le vrai, répondit celui-ci.

— Eh bien! reprit le chérif Husseïn, supposons que j'accorde ce que tu demandes, combien de temps te faudra-t-il?

— Il me faut des aides, je ne saurais entreprendre seul un pareil travail.

— Quels sont ces auxiliaires dont tu as besoin?

— Des conducteurs de travaux.

— Où comptes-tu les prendre?

— En France.

— Comment feras-tu pour les avoir?

— J'irai les chercher.

Son regard se fixa de nouveau sur son frère.

— Cet homme ne peut tout faire par ses mains, répondit Abou-Taleb.

Husseïn se retourna de mon côté.

— Et si tu partais, demanda-t-il, reviendrais-tu?

— Sans doute, puisque je t'aurais donné ma parole. Mais encore te faudrait-il remplir certaines conditions.

— Lesquelles?

— Assurer une solde convenable à mes hommes, leur payer leurs frais de voyage, leur faire quelques avances d'argent pour qu'ils puissent quitter le pays, et enfin, une fois arrivés ici, leur assurer la liberté de leur culte et toutes sortes de protections au cas où ils seraient tourmentés.

— A ton départ de la Mecque, le chérif Soliman, ton ami et le mien, ne t'a-t-il pas satisfait sur ce point?

— Oui; il m'a même remis une note dont j'ai laissé copie au consul de France de Djedda; mais je tiens à ce que la promesse me soit renouvelée et affirmée par toi.

— Soit; mais combien te faudra-t-il d'Européens?

— Une vingtaine.

— Combien leur faudra-t-il donner à chacun?

— Mille talaris par an; de plus, cinquante francs au moins d'argent de poche en partant, leur passage payé jusqu'à Suez, leur logement assuré à leur arrivée.

— Moyennant cela, se nourriront-ils?

— Ils se nourriront.

— Je te répondrai demain; mais, si je t'accorde tout cela, dans combien de temps tes hommes peuvent-ils être ici?

— Dans quatre mois, car il me faut le temps de les aller chercher.

— N'as-tu donc pas conservé en France quelques relations qui te dispensent de faire ce voyage?

— Si fait, j'y ai ma famille et de nombreux amis.

— Si tu chargeais tes amis de t'envoyer les hommes dont tu as besoin, n'obtiendrais-tu pas le même résultat?

— Ce serait plus long et moins sûr.

Le chérif Husseïn réfléchit, et sembla de nouveau demander conseil à son frère.

Puis, secouant la tête :

— Jamais, dit-il, je ne consentirai à te laisser partir.

— Pourquoi? douterais-tu de ma parole?

— Non, mais un accident peut t'empêcher de revenir. Choisis parmi tes amis un homme qui puisse te remplacer.

— Ce n'est pas facile; et il faudra toujours lui envoyer de l'argent.

— Nous le lui enverrons.

— Il faut à cet ami de pleins pouvoirs signés de toi, il faut aux hommes qui se déplaceront la garantie qu'ils seront payés.

— Par quel moyen arriver à ce résultat?

— Tu désigneras un correspondant solvable à Alexandrie, et chez lequel on puisse se renseigner et prendre l'argent nécessaire.

— N'es-tu pas là pour leur répondre?

— Ma caution ne leur donnera point l'argent nécessaire à leur voyage.

Husseïn réfléchit encore. Puis il ajouta :

— Mais enfin, quand j'aurai fait tout ce que tu désires, combien de temps te faudra-t-il pour exécuter cette œuvre, qui, pour nous autres Arabes, n'aura pas besoin d'être aussi formidable que dans ton pays.

— Il me faudra trois ans.

Avec les Arabes on ne doit jamais hésiter.

— Trois ans! répéta-t-il, c'est bien long.

Et il se mit à marchander le délai.

— Je ne crois pas, répondis-je, que l'on puisse arriver plus vite. Au reste, tu seras là pour inspecter les travaux. Si, au bout d'un an, tout est fini, tant mieux !

— Mais enfin tu ne comptes pas faire ces travaux-là avec le même soin que tu les ferais dans ton pays ?

— Je compte les faire le mieux possible, afin que si, par hasard, les Anglais venaient t'attaquer, tu pusses résister même aux Anglais.

Au mot Anglais, je vis que j'avais touché juste. Il tressaillit, et, comme lorsque le briquet frappe sur la pierre, une étincelle jaillit de ses yeux.

— Car enfin, continuai-je, ton intention, en fortifiant ta citadelle, est de te rendre inexpugnable. Les Anglais sont d'autres hommes que les gens de Sana, les gens d'Assir et même les Égyptiens. Ils ont des ressources contre lesquelles il faut que tu te prépares. Tes murs une fois construits, il te faudra des canons, il te faudra des projectiles.

— J'en ai, des canons

— En mauvais état.

— Nous en achèterons d'autres.

— Où? l'Inde ne t'en fournira pas, l'Égypte pas davantage.

— Mais la France? l'Amérique?

— Cela, c'est autre chose. Puis, quand tu auras les pièces, tu n'auras que le bronze ou la fonte; il te faudra des ouvriers pour faire tes affûts.

— J'ai des menuisiers.

— Quels menuisiers?

— Tu les dirigeras.

— Et du bois, et du fer?

— Nous en tirerons d'Europe.

— Il faut de l'argent pour cela, beaucoup d'argent.

— Combien?

— Je ne puis évaluer la dépense que les mesures prises, que le devis de chaque chose dressé.

— Mais enfin, à peu près?

— Mets un million.

C'était bien peu qu'un million, mais j'espérais que,

une fois engagé dans l'affaire, il la pousserait jusqu'au bout.

— Un million, répéta-t-il, c'est beaucoup; ne peut-on pas faire la chose à meilleur marché?

— Ton pays te rapporte dix millions; bien administré il peut t'en rapporter quinze; ce n'est pas trop de dépenser un million ou deux pour le conserver.

— Qui t'a dit que mon pays rapportât dix millions?

— Je le sais.

— N'importe! c'est beaucoup, un million.

— La dépense se fera sous tes yeux; tu la surveilleras toi-même. Du reste, en te disant un million, j'ai la conviction que cette somme sera insuffisante.

— Hum! fit Husseïn, toujours regardant son frère.

— Et je ne te dis rien des soldats, continuai-je; ce sera l'objet d'une autre conférence, et je t'en parlerai plus tard.

— Un million! répéta-t-il.

En ce moment la prière sonna.

— Écoute, me dit-il, je te rendrai réponse sur tout cela. D'ailleurs, j'ai à te parler d'autres choses encore.

— Je le sais, lui répondis-je.

Il me regarda avec étonnement; mais, comme la prière du soir était criée, nous nous mîmes à la prière, à laquelle le repas succéda.

Le repas fini, le chérif Husseïn prit congé de moi sans me dire un mot de plus. Je connaissais les Arabes, leur avarice, leur défiance. Les questions d'Husseïn ne m'avaient donc point étonné; mais, en revanche, elles m'avaient énormément fatigué.

Le même soir, je reçus la visite de plusieurs des frères, et entre autres du chérif Hammoud, qui, sachant ma longue conférence avec leur aîné, venaient pour tâcher de tirer de moi quelque renseignement, tandis que leurs domestiques essayaient de faire parler Sélim et Hadji-Soliman, troisième serviteur qui me fut imposé à mon arrivée, ainsi qu'au chérif, par le parti fanatique ou turc, autrement dit le parti anglais.

Le lendemain, le chérif Husseïn me fit appeler. Je crus que c'était pour continuer la conversation sur l'attaque et la défense des places. Je me trompais. C'était pour me faire visiter un camp peu éloigné de sa forteresse, et où stationnaient une partie de ses Kobaïlles.

Comme d'habitude, quelques-uns de ses frères l'accompagnaient.

Ce camp était une agglomération d'une quarantaine de douars, habités par trois mille hommes à peu près, avec leurs femmes et leurs enfants, une espèce de colonie militaire plutôt qu'un camp. Tous portaient le même uniforme, si l'on peut appeler uniforme une chemise en toile bleue et une somada qu'ils fixent à leur front au moyen des mèches de leurs fusils.

Leurs armes étaient pour la plupart un fusil à mèche, un petit sabre qu'ils pendent, non pas au côté, mais à l'épaule, et un poignard à la ceinture. D'autres avaient la sagaye et le petit bouclier de bois. C'étaient les moins bien armés, mais les plus dangereux dans le combat. La sagaye, au reste, est une espèce d'arme d'honneur, un milieu entre la lance et le fusil.

Tous ces hommes étaient des fantassins. Ils étaient organisés ou à peu près par compagnies de cent hommes, sous le commandement d'un *naghib* (capitaine). Ce naghib subdivisait sa compagnie en petites escouades de dix hommes, auxquels il donnait pour chef un *chaousse*.

Ces soldats et ces chaousses étaient les hommes du capitaine engagé, et tous loués par lui.

Le chérif Husseïn les prenait pour un an, deux ans et trois ans. C'étaient, comme on voit, de véritables condottieri.

Les douars qu'ils habitaient étaient composés de trente à quarante eschès. Chacun de ces douars, formant presque un cercle parfait, moins l'ouverture, qui pouvait se fermer par des branches de nabacks, était divisé en deux parties.

La tente du chef occupe le milieu de la ligne.

Il a les femmes à sa gauche, les hommes à sa droite.

Les eschès sont séparés entre eux par un certain espace, le même pour tous, et sont reliés par une palissade.

Les cours circulaires, fermées par la ligne des tentes, sont occupées par les chèvres, les poules, les bestiaux.

La tente du chef est naturellement beaucoup plus grande que les autres.

La première qui se trouve en tête de la file droite est toujours vide.

Elle attend le voyageur qui vient demander l'hospitalité.

Tous ces hommes font le commerce d'éleveurs de bestiaux.

Leur solde est si faible qu'ils n'en sauraient point vivre. Leur seul bénéfice est le pillage. Au repos, ils sont misérables, ayant peu ou point d'industrie.

Les femmes sont aussi pauvrement vêtues que les hommes. Moins encore; elles se couvrent à peine. Elles sont chargées de faire la farine, d'aller chercher de l'eau, le bois, quelquefois à des distances très-grandes; d'entretenir la garde-robe de leur mari, entretien facile quand on a vu de quoi elle se compose; de faire leur cuisine, toujours très-frugale, et d'élever leurs enfants, c'est-à-dire de les laisser se rouler dans le sable. Tout cela pouvait être réjouissant à l'œil d'Husseïn, mais avait fort peu de charme pour le mien. Je ne pus m'empêcher de demander à Husseïn si c'était avec de pareils vagabonds qu'il comptait faire peur à ses ennemis, et surtout aux Anglais.

J'appuyais toujours sur ce dernier mot, devinant que c'était contre les Anglais surtout que le chérif Husseïn avait l'intention de se fortifier.

— Mais, me dit-il, tu juges mal mes hommes; au combat, ce sont des lions.

— C'est possible, contre des hommes pareils à eux, mais contre des troupes européennes, ils ne tiendraient pas dix minutes. En as-tu beaucoup comme cela?

— Je puis disposer de cent soixante-quinze mille hommes, me dit-il.

C'était l'effectif de son armée. Il est vrai qu'avec les femmes et les enfants cela faisait près d'un million d'individus; les femmes, disons-le en passant, suivent leurs maris au combat, les excitent par leurs cris, leur portent de l'eau dans la mêlée et pansent les blessures.

Tout cela n'était que de l'infanterie.

— Mais ta cavalerie, mais ton artillerie, lui demandai-je, où sont-elles?

— J'ai une vingtaine d'Arnautes et de Turcs déserteurs; chacun de mes frères en a à peu près autant : voilà pour l'artillerie. J'ai ma famille, cinq cents hommes à peu près; j'ai mes nègres et ceux de mes frères, cinq cents autres; j'ai mes courtisans et ceux de mes frères, un millier d'hommes; j'ai en outre les gens riches des villes, qui montent à cheval quand je les appelle à la guerre, trois mille à trois mille cinq cents cavaliers.

— Soit; mais tout cela n'est pas suffisant, ou plutôt ne le serait que dans le cas où l'on adopterait une sévère discipline.

Husseïn secoua la tête.

— Oui, dit-il, j'ai souvent entendu parler par des Européens de la discipline; mais la discipline est chose impossible avec de pareils hommes. A peine obéissent-ils à des chefs qu'ils connaissent depuis l'enfance; comment obéiraient-ils à des gens qu'ils ne connaissent pas.

— Eh bien! il faut arriver à exercer les Arabes à la manière européenne.

Husseïn secoua la tête.

— Jamais nous ne réussirons, dit-il.

— Essayons du moins, formons un noyau; opérons sur un petit nombre d'hommes qui nous donneront une école de chefs. Chacun de ces chefs opérera à son tour sur dix, vingt, trente, cinquante, cent hommes, et peut-être vaincrons-nous la résistance. Engageons nous-mêmes des volontaires : donne-leur une somme double, triple; prends, si besoin est, le contingent dans ta propre famille, chez tes cousins, tes arrière-cousins, ce sera autant de naghibs futurs.

Husseïn secoua encore la tête.

— Dans ma famille? non! dit-il.

Je compris qu'il craignait de masser contre lui-même ces forces, qui seraient d'autant plus dangereuses qu'elles se trouveraient dans sa famille. En Orient, c'est encore dans la famille que se fomentent les révolutions.

— Mais, ajouta-t-il, je trouverai cela parmi les grands de mes Etats. Puis, après une pause :

— Combien penses-tu qu'il faudrait de mille hommes disciplinés ?

— Pour garder tout ton pays, qui se compose non-seulement de la province d'Abou-Arich, mais encore de tout le Théama, jusqu'au pays d'Aden, j'évalue qu'il te faut quinze mille hommes. Avec ces quinze mille hommes, tu pourras te faire craindre par les gens d'Assir et de Sana, et, bien plus, te faire respecter par les Anglais. Cela ne t'empêchera point d'avoir ta milice de réserve.

— J'y penserai, répondit Husseïn.

L'inspection faite, nous reprîmes le chemin d'Abou-Arich.

VII

En approchant de la ville, nous traversâmes un de ses cimetières; c'était le cimetière commun

Les chérifs ont leur cimetière à eux, ou se font bâtir des marabouts sur leur corps, afin de se sanctifier dans l'avenir. Les tombes sont creusées à trois pieds de profondeur. Les morts, après avoir été lavés, les pauvres avec de l'eau, les riches avec des essences, y sont déposés, la tête tournée vers la Mecque, par conséquent au nord. Les tombes des gens riches sont indiquées par une pierre sur laquelle est gravé un verset du Coran.

Les gens pauvres jettent seulement un peu de terre sur les morts, ce qui permet aux chacals et aux hyènes d'en prendre leur part. A la tête et aux pieds, ils plantent une branche de palmier ou de naback.

Les morts sont portés à leur dernière demeure sur un brancard ; ils sont couverts, si ce sont des chérifs, c'est-à-dire des descendants d'Ali, d'un cachemire vert ou rouge. Si ce sont des gens du commun, ils sont couverts de l'étoffe la plus riche qu'aient pu se procurer les parents.

Riches ou pauvres, ils sont portés sur les épaules des parents, des amis ou même des étrangers. Les morts sont à peine froids qu'on les enterre. Il est vrai que, si on les enterrait vivants, ils n'auraient pas de peine à sortir. En été, ces cimetières répandent une odeur infecte. Tous les amis suivent le cortége, de la maison mortuaire à la mosquée.

Comme on n'enterre plus aussitôt le coucher du soleil, si le trépassé est mort le soir, on allume une cire près de la natte où il est couché, et des pleureurs si c'est un homme, des pleureuses si c'est une femme, viennent se lamenter près du cadavre et réciter des versets du Coran.

Plus l'homme ou la femme est riche, plus il y a de pleureurs ou de pleureuses. Les parents mâles se tiennent avec tous les amis mâles dans un appartement voisin, où ils récitent des prières, tandis que les parents femmes sont dans un autre appartement, occupés à se rouler par terre et à se déchirer le visage, les bras et la poitrine, de manière à faire supposer à des étrangers un désespoir digne d'Artémise.

Il va sans dire que si la veuve est jeune et jolie, trois mois et dix jours après, à moins que la femme ne soit enceinte, presque toujours elle convole en secondes noces, en troisièmes, en quatrièmes. Il n'est point rare de voir une femme à ses dixièmes noces. Il est vrai qu'avec la faculté de répudiation, plus d'un mari en est à sa cinquantième ou soixantième femme. La moyenne est de quarante.

En sortant du cimetière, mon cheval butta dans le sable. Les chevaux arabes ont le pied si sûr, qu'un cheval qui butte est un événement. Je regardai ce qui avait fait butter le mien. Il avait heurté une culasse de canon en fonte.

— Qu'est cela? demandai-je tout étonné au chérif.

— *Mat fa*, (un canon). répondit Husseïn.

— Comment un canon se trouve-t-il là? demandai-je.

— Il y a eu ici, me répondit-il, un combat très-sanglant entre les troupes du pacha d'Égypte et les gens de l'Assir; beaucoup de canons ont été détruits et brisés à coups de masse par les Assiriens restés maîtres du champ de bataille, et par les Égyptiens eux-mêmes, qui s'étaient trouvés forcés de les abandonner.

— Mais, dis-je, pourquoi, au lieu de conserver ceux qui étaient tombés intacts entre leurs mains, les Assiriens les ont-ils détruits?

— Ils n'avaient personne pour les desservir et n'en connaissaient pas toute la valeur.

— Il serait à désirer que tu eusses beaucoup de fragments de cette espèce.

— Oh! me répondit-il, je puis t'en fournir tant que tu voudras: il y en a des quantités à Abou-Arich, à Moka, à Tâës, qui ont été abandonnés, ne pouvant plus servir.

— Et tous sont en matière pareille à celle-ci?

— Oui, je crois.

— Y a-t-il du cuivre?

— Je sais certain endroit où les troupes égyptiennes en ont enterré.

— Te serait-il possible de me réunir tous ces fragments de fonte?

— Où cela?

— Dans la cour du fort que j'habite.

— Pourquoi faire? Ils ne pourraient te servir à rien, puisqu'ils sont brisés.

— Pour te faire des canons peut-être, mais des boulets sûrement.

Husseïn me regarda avec étonnement.

— Comment! demanda-t-il, tu pourrais refaire des canons et des boulets?

— Sans doute.

— De quelle manière?

— En les fondant.

— Mais, dit-il, tu te charges de la fonte?

— Oui, mais il me faut des fondeurs expérimentés; il me faut du sable apte à la fonte, et il faut me faire briser tous ces fragments en petits morceaux. Nous pouvons faire tout cela dans ta cour.

— Soit. Et quand nous y mettrons-nous ?

— Demain.

En effet, dès le lendemain, on envoya l'ordre de prendre de la terre dans les montagnes de Hâs.

Cette promesse que j'avais faite à Husseïn de lui fondre sa fonte le préoccupait énormément, quoiqu'il n'y ajoutât point une grande croyance. Aussi ne voulut-il point tarder à s'assurer de ce que je pouvais faire. Nous rentrâmes chez lui. Il me conduisit dans son salon.

— Maintenant, dit-il, puisque nous y sommes, nous allons voir tout de suite si tu as dit vrai.

— As-tu des fondeurs d'or ou d'argent à Abou-Arich ?

— Oui.

— Fais-les venir, et qu'ils apportent avec eux leurs creusets et leurs soufflets.

Husseïn donna l'ordre.

— Maintenant, envoie un esclave briser le plus

menu possible quelques morceaux de cette fonte, et qu'il les apporte ici.

Pendant que d'un côté on allait chercher les fondeurs et de l'autre la fonte, je demandai à voir les boulets dont il se servait, et qui, m'avait-il dit, étaient forgés et arrondis au marteau. On m'apporta des spécimens, les uns longs, les autres ovales, les autres carrés, hors de tout calibre, et ayant la forme de tout ce que l'on voudra, excepté d'un boulet. Comme il faisait venir le fer de l'Inde, chacun de ces boulets lui coûtait de douze à quinze francs. C'était donc une effroyable dépense en temps de guerre, d'autant plus que, les artilleurs n'étant point habiles, les dix-neuf vingtièmes de ces boulets étaient perdus.

Sans compter qu'ils détérioraient les canons, quand ils ne les faisaient pas éclater.

Je lui témoignai mon étonnement sur l'ignorance complète de ses forgerons.

— Alors tu vas me fondre des boulets? dit-il.

— Je vais t'en fondre.

— Des boulets ronds?

— Parfaitement ronds.

— Et du calibre de mes pièces?

— De tout calibre.

En même temps on m'avait apporté des espingoles en cuivre qui étaient fort belles, cinq surtout. On eût dit de petites caronades de quatre.

Il les chargeait avec des biscaïens qu'il avait achetés en même temps que les espingoles.

Il me montra ces biscaïens.

— Tes boulets seront-ils aussi ronds que ceux-là?

— Oui.

— Mais comment feras-tu des boulets ronds?

— Avec des moules.

— En quoi seront ces moules?

— En sable.

— Mais pour avoir du sable de Hâs, il faut un mois; serons-nous obligés d'attendre un mois?

— Non, je t'en ferai avec d'autre sable; seulement, il me faut un tourneur.

Mes ordres étaient exécutés avec une promptitude qui faisait plaisir à voir. Abou-Taleb, son fils, et deux ou trois frères qui étaient présents à l'entretien, partageaient le doute du chérif.

Les fondeurs arrivèrent les premiers. Je leur fis dresser leur fourneau. C'était ce qu'il y avait de plus simple comme mécanisme. Ils avaient deux soufflets en peau de bouc. On enterra le creuset dans du charbon. — Ils savent faire le charbon de bois et le font excellent. — On alluma le charbon, on le fit rougir à vide, et, comme l'esclave à la fonte arrivait en ce moment, je mis une demi-livre à peu près de fonte dans le creuset.

Cela fut long; le doute des assistants allait croissant; je ne m'en inquiétais point, je savais que la fonte ne se liquéfiait qu'à onze ou douze cents degrés centigrades. Je redoublai la masse de charbon. Les deux fondeurs, encouragés par mes promesses, soufflaient comme des enragés.

Enfin, après deux ou trois heures d'incandescence croissante, j'aperçus, dansant au-dessus du feu, la petite vapeur bleuâtre qui indiquait que le métal se mettait en fusion. J'avais envoyé de mon côté chercher par Sélim du borax. Avec mes pinces je dégageai le couvercle et je glissai dans l'intérieur une forte pincée de borax; puis je refermai le couvercle.

— Qu'as-tu mis dans le *boka?* me demanda-t-il.

C'est le nom que les Arabes donnent au creuset.

—Une poudre particulière qui provoquera la fusion.

— Et quand la chose sera-t-elle fondue?

Je tirai ma montre.

— Dans cinq minutes.

Le chérif tira la sienne et ne la quitta plus des yeux.

— Les cinq minutes sont passées! dit-il au bout d'un instant.

Je soulevai le couvercle du creuset, pour voir où en était le métal. Il était en pleine fusion; le borax était évanoui, la fonte restait seule. Je soulevai tout à fait le couvercle. Avec une baguette de fer, le chérif s'assura que la fonte était liquide.

Les fondeurs étaient dans la stupéfaction; Husseïn comprit de quelle utilité je pouvais être à ses projets; il resta extasié. Quant aux autres, ils me regardaient comme un sorcier. Abd-el-Mélek, qui semblait m'aimer beaucoup et prendre un vif intérêt à mon succès, rayonnait de joie. Husseïn me sauta au cou et m'embrassa.

— A partir de ce moment, dit-il, je crois à tout ce que tu m'as dit et à tout ce que tu me diras. Puis, s'arrêtant :

— Cependant, dit-il, comment vas-tu faire des boulets ronds ?

— Tu vas voir.

Les tourneurs étaient arrivés. On n'a pas idée de la simplicité d'un tour arabe. Il se maintient avec le pied et on le fait tourner avec un archet.

Je leur demandai une boule comme pour jouer aux quilles. Ils me firent une espèce de siam. Je leur dis qu'il la fallait très-ronde ; ils recommencèrent, mais sans résultat. Je vis bien que je serais obligé de faire ma boule moi-même. Je soulevai donc leur tour que j'assujettis sur deux grosses pierres. Je m'accroupis à la manière arabe, j'engageai mon morceau de chêne entre les deux solives, je pris le ciseau, et je me mis à tourner. Jeune, je passais tout mon temps à tourner. J'avais tourné l'ivoire, le bois, le fer, le cuivre, l'albâtre. J'étais donc d'une certaine force. Mon habileté commença par étonner les assistants et les tourneurs eux-mêmes.

— Mais tu sais donc tout faire? me dit Husseïn.

— Il n'y a que Dieu qui sache tout faire, lui répondis-je; mais je sais faire beaucoup de choses, tu verras.

Husseïn ne demandait pas mieux que de voir. Il frémissait d'impatience; les autres assistants retenaient leur haleine; on les eût crus pétrifiés. A l'aide d'un compas, instrument qui leur est à peu près complétement inconnu, je parvins à faire une boule parfaitement ronde. Je lui avais ménagé ce que l'on appelle une amorce. J'expliquai à Husseïn le mécanisme à l'aide duquel j'allais procéder. Mais il me fallait u châssis, double et à mortaise, afin qu'en se divisan il permît de prendre le boulet.

— Combien de temps faudra-t-il pour faire le châssis? demanda Husseïn.

— Cela regarde les menuisiers.

— Veux-tu leur donner tes ordres?

— Soit. J'en ai vu un qui travaillait en bas; fais-le monter.

Les menuisiers viennent presque tous du Caire, et sont excessivement adroits. Le menuisier monta avec son apprenti. Je dessinai au menuisier avec un charbon la forme de l'objet que je désirais. Par bonheur, celui-là avait été employé à la fonderie de canons du Caire, dirigée par le commandant Bruneau. Il comprit donc tout de suite.

— Demain, me dit-il, tu auras ton moule.

— Ne le fais pas trop grand, insistai-je. C'est pour une simple démonstration. Nous ne ferons des châssis sérieux que quand j'aurai convaincu le chérif du parti qu'il peut tirer de la fonte qui gît de tous les côtés :

Puis, me tournant vers Husseïn :

— Maintenant, lui dis-je, il me faut un tuilier ou un potier.

— Pourquoi faire? demanda Husseïn.

— Pour me procurer du sable bon à faire des moules.

— Quelle espèce de sable veux-tu?

Je le lui expliquai. Cinq minutes après, les nègres m'apportaient, les uns du sable friable, les autres de la terre glaise, les autres de la terre végétale. Je m'adressai à mon menuisier.

— Tu sais le sable qu'il me faut, lui dis-je.

Le menuisier partit, et revint dix minutes après m'apportant de la terre à briques. Ce n'était point précisément cela qu'il me fallait. La terre à briques contient presque toujours des matières calcaires qui ne supportent pas la chaleur de la fonte en fusion.

— Va me chercher, lui dis-je, tous les vieux pots cassés que tu trouveras.

C'était un homme précieux, qui avait pris en Égypte l'habitude d'obéir. Il partit et revint avec un plein panier de tessons de casseroles et de marmites. Husseïn regardait tout cela avec des yeux de plus en plus effarés. Parmi les assistants, les uns riaient, les autres étaient confondus.

— Que vas-tu faire de tous ces vieux pots? me dit Hussein.

— Fais-les-moi réduire en poudre, aussi fine que possible, et tu verras.

Les fondeurs d'or et d'argent comprirent ce que cela allait donner.

— *Taïb melech kitir!*

Ce qui voulait dire : parfaitement.

— Il réussira donc? demanda Husseïn.

— Avec l'aide de Dieu, oui, répondirent les fondeurs.

Le temps s'était écoulé, la prière du magh'reb avait été criée, et Chérif-Husseïn, et les autres, pas plus que lui, n'y avaient fait attention. Les esclaves vinrent lui dire que le souper était prêt. Il avait oublié le souper.

Je lui fis signe d'attendre encore un instant.

— Vas-tu donc me faire un boulet ce soir?

— Non, mais comme je veux que tu dormes tranquille, je vais te faire un lingot.

A défaut de la poussière pilée que je ne devais avoir

que le lendemain, je réunis l'argile en masse compacte, je la tapai sur le parquet, je fis une rigole avec le coupant de ma main, et, prenant le creuset avec des pinces, je versai dans la rigole la fonte en fusion.

A l'instant même elle prit la forme de la rigole.

— Allons souper maintenant, dis-je à Husseïn.

Je laissai Sélim près du moule, avec ordre de nous apporter le lingot dès qu'il serait assez refroidi pour pouvoir le prendre. Avant la fin du dîner, Husseïn, tout en se brûlant encore un peu les doigts, tournait et retournait son lingot, et le passait à tous ses frères, qui, déjà au courant de l'expérience que je tentais, étaient venus voir si elle avait réussi.

Il était dix heures; nous nous séparâmes, en remettant au lendemain la fonte du boulet spécimen. En rentrant chez moi, je trouvai mon appartement encombré de paniers de raisins, de corbeilles de fruits et de terrines de pâtes sucrées, que le chérif m'avait, en signe de satisfaction, envoyés par son khasnadar, pendant mon absence.

Il avait joint au tout une charmante petite esclave abyssine qui pouvait avoir de douze à treize ans.

En se retirant, le khasnadar, auquel je fis, de mon côté, un cadeau en argent qu'il prit sans façon, tout ministre qu'il était, me dit que ces présents n'étaient que le prélude de faveurs bien autrement importantes.

L'Abyssine était voilée d'une étoffe de laine qui ne permettait pas de voir un seul trait de son visage. Deux négresses l'accompagnaient.

Aussitôt acceptée par moi, elle avait été conduite dans l'appartement supérieur, qui jusque-là était resté vide, et tout à l'instant même avait été mis en ordre par les négresses, qui lui avaient apporté son trousseau. Le khasnadar et les femmes étant sortis, je restai avec Hadji-Soliman.

— Eh bien! seigneur, dit-il, te voilà bien heureux.

— Pourquoi bien heureux?

— Parce que Chérif-Husseïn vient de te faire un magnifique cadeau.

En effet, une belle Abyssine a dans l'Yémen la

valeur d'un beau cheval de quinze à dix-huit cents francs.

— Oui, lui dis-je, elle doit être belle ; Husseïn ne m'aurait pas donné une laide esclave.

Hadji-Soliman parti à son tour, je montai près de mon Abyssine.

C'est ici le lieu de placer quelques observations générales.

La femme esclave devenant la propriété absolue d'un maître, elle lui doit son amour, comme elle lui doit les autres services de sa condition. Ce maître, qui n'a pas besoin de se faire aimer, ne s'en donne naturellement pas la peine. A quoi bon ! n'a-t-il pas acheté l'esclave ? L'esclave n'est-elle pas sa propriété ?

La femme, même mariée, ne l'appelle-t-elle pas toujours mon maître, *Sidi ?* Lorsqu'il rentre ou qu'il sort, au lieu que ce soit lui qui, comme chez nous, embrasse tendrement sa femme, c'est la femme qui lui baise respectueusement la main.

Jamais en Orient, lorsqu'on aborde un ami, on ne lui demande des nouvelles de sa femme ou de ses femmes. On demande des nouvelles du fils, du père, du frère : ce sont des mâles, par conséquent des êtres importants; mais la femme! qu'est-ce que la femme? un des meubles de la maison. On demande de ses nouvelles en demandant des nouvelles de la maison même, *dâr*.

Dâr rek bikher? comment va ta maison?

Un homme qui donnerait en public une marque de tendresse quelconque à sa femme serait traité de chrétien. Souvent, un musulman qui aime réellement sa femme affecte pour elle en public la plus profonde indifférence. Et cependant la femme dont nous parlons n'est point l'esclave, mais la femme. Qu'on juge de la condition de l'esclave!

La naissance d'un fils est toujours, pour les femmes comme pour les hommes une cause de joie, et rien n'est épargné comme dépense. La naissance d'une fille passe complétement inaperçue.

Quand un garçon vient de naître, ce sont des cris poussés en chœur par les femmes, qui tiennent à la fois du gloussement du dindon et du houhoulement du hibou. Grand signe de joie. Si c'est une fille, tout se tait.

Dès que l'enfant est né, si c'est un garçon, la sage-femme s'empresse d'aller prévenir le père, qui, dans une salle située à l'autre bout de la maison, fume gravement sa pipe et prend du café avec ses amis. Dans le cas d'un enfant mâle, l'annonce se fait à haute voix, et chacun souhaite toute sorte de bonheurs au père du nouveau-né. Si c'est une fille, au contraire, l'annonce se fait tout bas, timidement, à l'oreille, et les amis n'ont pas l'air de s'en occuper.

L'annonce d'un garçon est toujours l'occasion d'un cadeau à la sage-femme.

Le père donne le nom que doit porter l'enfant, la sage-femme va lui souffler ce nom à l'oreille.

Chez les riches, l'enfant est emmailloté comme chez nous. On lui frotte la tête avec du beurre frais, on le parfume avec du benjoin, de l'ambre et du musc; on le couche dans une espèce de lit, et sous son petit oreiller on lui met un poignard, des bijoux, des monnaies d'argent et des amulettes.

Les Bédouins seuls laissent leurs enfants nus se roulant sur une couverture de laine.

Les femmes musulmanes ne prennent jamais de nourrice. Elles allaitent leur enfant quelquefois jusqu'à l'âge de quatre ans. Quand le garçon atteint quatorze ou quinze ans, le père lui achète une esclave pour le fixer à la maison.

Revenons à mon Abyssine.

C'était, au point de vue musulman, un charmant cadeau qu'Husseïn m'avait fait en me donnant cette jeune esclave. Je montai près d'elle et la trouvai assise dans un coin sur un tapis. Je m'assis à ses côtés, et m'aperçus qu'elle tremblait. Quoique née en Abyssinie, elle avait été prise si jeune à ses parents qu'elle parlait parfaitement arabe. Mes premiers mots furent pour la rassurer. Elle leva son voile, et, à la lueur des bougies brûlant dans des globes de verre pour les préserver des moucherons, je vis une enfant de dix à douze ans, aux traits réguliers et fins, au teint de bronze clair, aux yeux magnifiques, aux dents blanches comme de l'émail, aux cheveux artistement nattés. Elle avait d'énormes boucles d'oreilles, un collier en verroteries et en ambre, et de ces bracelets d'argent que l'on met aux pieds et qui s'appellent des chevillières. Ses doigts étaient chargés de bagues, elle avait les paupières peintes avec du koh'ol et les ongles colorés avec du *henné* (lawsonia inermis).

Je connaissais l'extrême douceur de caractère des Abyssines, et cette particularité ne me donnait qu'une pitié plus grande pour la pauvre esclave. Il était facile de voir que je lui inspirais la terreur la plus profonde. Je résolus de la faire cesser.

— De quel pays es-tu, mon enfant? lui demandai-je en donnant à ma voix toute la douceur qu'elle était capable d'acquérir.

— Du royaume de Tigré, répondit-elle.

J'avais passé dans le royaume de Tigré, je connaissais son pays.

— Te rappelles-tu le nom de ton village?

— Je suis d'un village appelé Gally-Bouddha.

— Te rappelles-tu comment tu l'as quitté?

— Oui.

— Raconte-moi cela, mon enfant.

— Mon père était le chef du village. Comme nous étions chrétiens, — les Abyssins sont jacobites, — les musulmans changallas firent une razzia et m'enlevèrent avec d'autres enfants.

— Et ton père?

— Je crois qu'il fut tué avec mon frère aîné; je fus prise avec le plus jeune.

— Qu'est-il devenu?

— Je ne sais?

— Dis-moi ce que l'on fit de toi.

— Je fus transportée à Gondar, et, de là, par caravane, sur le marché du Caire, achetée et conduite à la Mecque, et, à la Mecque, revendue et achetée par les agents du chérif Husseïn.

— Combien t'a-t-on payée?

— Cinquante-cinq talaris.

— Et combien y a-t-il de cela?

Elle essaya de compter.

— Je ne pourrais dire, répondit-elle; mais c'était

au moment où tombaient les feuilles, et elles ont tombé trois fois depuis.

— Quand on t'a amenée ici, t'a-t-on dit où tu venais?

— Oui, on m'a dit que je n'appartenais plus au chérif Husseïn et que je t'appartenais.

En ce moment, elle tira de son pagne un *teskéret* revêtu du sceau du chérif Husseïn, qui la libérait quant à lui et me la donnait.

— Et tu as eu peur de moi

Elle me regarda timidement avec ses grands yeux rendus plus grands encore par le koh'ol. Je lui pris la main, une main charmante; — les Abyssines ont des mains et des pieds admirables. Elle tremblait toujours.

— Tu vois, tu as peur encore.

— J'ai peur, dit-elle, c'est vrai.

Je la rassurai... La pauvre petite me regardait avec un certain étonnement. Les esclaves ne sont point habituées à ces manières chevaleresques.

Je la quittai. J'avais déjà pour mon service intérieur

deux Nubiennes. Le lendemain matin, je les lui envoyai pour prendre soin d'elle. C'était inutile. Les femmes qui l'avaient amenée de la part du chérif Husseïn étaient déjà arrivées. Ce fut à moi qu'elles s'adressèrent d'abord. Je les renvoyai à l'Abyssine elle-même.

L'enfant pleurait; elle craignait que je ne la revendisse. Je rassurai les matrones sur ce point. Puis, comme l'heure était venue d'aller chez le chérif, et que j'entendais mon cheval piétiner dans la cour, je descendis et sautai en selle.

VIII

Je trouvai le chérif très-préoccupé des questions importantes que nous avions à résoudre ce jour-là. Il s'agissait, au moyen du moule que j'avais commandé, de la fonte d'un boulet. Ce boulet ne devait pas être plus gros qu'un biscaïen. Mais il était évident que si je réussissais en petit, je réussirais en grand. Les fondeurs étaient à la besogne, le moule était prêt et enfermé dans son cadre. Seulement, pour qu'il séchât, on l'avait laissé tout ouvert. Une goutte d'eau dans le moule ferait tout éclater, au grand danger de la vie de ceux qui assisteraient à l'opération. Je saupoudrai l'intérieur de poussière de charbon, pour combattre l'adhérence, et fis réunir les deux parties; puis je prévins le chérif que nous en avions pour une heure au moins à attendre la liquéfaction du métal.

— Alors, me dit-il, visitons ma citadelle.

C'était une grande marque de confiance qu'il me donnait. Je lui en témoignai ma reconnaissance.

— Il faut bien que tu l'étudies, me dit-il, afin de la défendre en mon absence, s'il y avait lieu.

Je le regardai avec un certain étonnement.

— Oui, dit-il, comme je te crois le plus capable de tous ceux qui m'entourent. si je m'absente, c'est toi qui commanderas ici.

Je le suivis.

La citadelle dominait tout le pays. De sa terrasse Husseïn pouvait, nous l'avons vu, détruire les vingt-deux autres.

Après avoir visité l'intérieur de la citadelle, il me fit visiter l'intérieur des murs, car les murs étaient creux. Rien que dans les couloirs des murs, couloirs superposés et qui s'étendaient comme une ceinture autour des trois étages, on pouvait mettre au moins trois mille hommes. Ils avaient huit pieds de large sur six de haut. Que l'on juge de l'épaisseur des murailles. Chaque face du bâtiment avait deux cents mètres de long. Les couloirs avaient donc la même longueur, et dans toute cette longueur étaient des trophées de fusils, d'espingoles, de sabres à deux tranchants, de lances et de casse-têtes, placés à la portée de la main. Des étagères creusées dans la muraille supportaient des cartouches et des balles. Par des escaliers, on correspondait d'un étage à l'autre. Sur la terrasse était un cadran solaire.

Je n'eus sur tout cela qu'une observation à faire, c'est que le pivot de chaque tour devait faire tourner deux canons au lieu d'un, afin de tirer à la fois de deux côtés opposés. Seulement il s'agissait de monter de nouveaux canons sur les tours, ce qui était toujours une grande affaire. Je lui dis que je m'en chargeais. En effet, le même jour, je lui fis un petit modèle de cabestan, que ses menuisiers, très-habiles, exécutèrent en grand. Moyennant quoi, au grand ébahissement toujours du chérif Husseïn et de ses frères, trois semaines après les canons étaient sur les tours.

La poudrière pouvait renfermer deux cents quintaux de poudre. J'en pris des échantillons. Je voulais l'éprouver. Il avait de la poudre anglaise et de la poudre qu'il faisait lui-même. J'avais, moi, de la poudre française. J'envoyai chercher par Sélim une éprouvette chez moi, et lui dis de rapporter en même temps de la poudre française. L'éprouvette était un instrument inconnu d'Husseïn. La poudre anglaise donna onze degrés et demi, la poudre française onze, et la poudre arabe neuf et demi.

Husseïn fut stupéfait en voyant que sa poudre était

la moins forte des trois. Il avait des artificiers arabes. Ils pouvaient lui faire un quintal de poudre par jour. En outre, sa poudre crassait beaucoup. Il me demanda d'où venait cette crasse et le peu de force de sa poudre.

— Quel est le bois que tu emploies pour la confection du charbon? lui demandai-je.

— Du laurier rose (*defflâ*), me répondit-il.

— Le bois est bon, lui dis-je alors. Seulement, tes artificiers emploient trop de charbon et pas assez de salpêtre.

On fit venir les artificiers, qui apportèrent avec eux, non-seulement les échantillons de leur poudre, mais tous les ingrédients dont ils la composaient. Chaque ingrédient était à l'état simple.

Je fis alors moi-même le mélange devant lui, et dans les proportions européennes. La poudre donna dix degrés. C'était déjà un progrès.

En outre, la poudre crassait déjà moins. Il comprit que mon observation était juste. Seulement, ce qui m'intriguait, c'était le brillant que les Arabes donnaient à leur poudre. Je sus seulement alors que ce brillant venait de l'introduction du blanc d'œuf.

On vint nous avertir que le métal était en fusion. Nous nous empressâmes de descendre. J'introduisis dans le creuset une pincée de poudre de borax afin de rendre le métal plus liquide encore, et, sûr du degré de fusion où la fonte était arrivée, après l'avoir écumée, je la versai dans le moule.

L'opération réussit parfaitement, et, à part quelques légères fissures qui ne pouvaient être attribuées qu'à la mauvaise qualité du sable dont se composait le moule, j'obtins un petit boulet parfaitement rond et pesant une livre.

Au comble de la joie, Husseïn me demanda alors de lui faire un petit travail pour son armée. Je m'engageai à le lui donner le lendemain. Lui, de son côté, donna des ordres pour qu'un atelier de fondeurs fût annexé au *Fort-du-Serpent*. C'était le nom de ma citadelle. Le jour même, les ouvriers se mirent à la besogne. Au bout de quinze jours tout était fini, et il ne manquait plus que les soufflets, dont j'avais donné les modèles, et la terre que Chérif-Husseïn avait envoyé chercher à Has.

Ainsi que je l'avais promis, je portai le lendemain au chérif Husseïn mon plan d'organisation. J'avais compris qu'il était impossible de créer une armée permanente. Il fallait se contenter de compagnies de cent hommes. Seulement on pourrait élever au chiffre que l'on voudrait le nombre de ces compagnies. La puissance territoriale et la puissance pécuniaire du chérif lui permettaient de lever cent mille Kobaïls. En les fanatisant, ces cent mille Kobaïls devenaient cent mille héros. Tous sont d'admirables tireurs. Ils passent une partie de leur temps à tirer à la cible.

Maintenant, de discipline et d'organisation, pas l'apparence. Exiger d'eux ces deux mobiles de la force européenne, ce serait se les aliéner à tout jamais. Il fallait leur laisser leur liberté, la nomination de leurs chefs, les bien payer, les bien nourrir. Il fallait surtout faire venir de France des ouvriers pour m'aider dans mes projets d'amélioration, mais d'amélioration toute matérielle. Le chérif approuva toutes celles de mes idées qu'il jugea applicables, et repoussa celles qui heurtaient le génie de son peuple. La question d'argent était capitale. C'est toujours, au reste, la question capitale avec les Arabes. Cependant, il m'autorisa à écrire en France pour savoir si je pourrais réunir les hommes dont j'avais besoin.

C'était bien du temps perdu, mais, je l'ai dit, le temps n'existe pas pour les Arabes. Le mieux eût été de me donner de l'argent et de m'envoyer en France. Mais, pour employer ce moyen si simple, il craignait que je ne revinsse plus.

Tous ces préparatifs ne se faisaient pas sans cause, et nous conduisaient tout naturellement au but que se proposait Husseïn. Il était évident qu'il couvait de grands projets. Ces projets, ce jour-là même, il les aborda. Il me retint jusqu'à une heure. A une heure, nous étions sur la terrasse ; tout le monde dormait autour de nous. Nous nous étions accroupis sur des tapis; une tente nous garantissait de la trop grande ardeur du soleil. Il regarda autour de nous, et, voyant tous les yeux fermés :

— Je t'ai étudié, me dit-il, tant au point de vue religieux qu'au point de vue de la confiance que je puis t'accorder. Tu es Français, et, bien qu'Européen, je sais que tu as accepté le culte musulman avec franchise, et que mes intérêts sont les tiens; tu es donc l'homme auquel j'ai résolu de tout dire. Je m'inclinai.

— Parle, seigneur, lui dis-je.

— Ce que je vais te communiquer, je ne voudrais le dire ni à mon fils ni à mes frères. Chez nous, c'est dans la famille surtout qu'est la trahison.

— Je t'écoute.

— Tu sais que les Anglais possèdent Aden?

— Je sais qu'ils l'ont acheté, vers 1839, du chef qui y commandait.

— L'imam de Sana est devenu leur allié, l'imam de Sana est mon ennemi, par conséquent les Anglais sont mes ennemis.

— Tes ennemis directs?

— Non, mais ils fournissent à l'imam de Sana les moyens de me faire la guerre.

— Te la fait-il?

— Non, mais il n'attend qu'une occasion, et, en attendant, il a des affiliations dans toutes les villes du Théama, affiliations qui ont pour but de soulever les populations contre moi.

— Et tout cela à l'instigation des Anglais?

— A l'instigation des Anglais, qui suivent ici le système qu'ils ont adopté dans l'Inde et qui leur a si bien réussi, savoir : l'art de protéger pour s'emparer plus tard. Mais je ne suis pas leur dupe; ils ont dû le voir quand j'ai chassé le résident anglais de Moka, et que j'ai fait abattre leur pavillon d'un coup de canon.

— Ils ne te l'ont point pardonné, quoique, à mon grand étonnement, ils n'en aient point tiré vengeance.

— Et la révolte de mon frère, le chérif Hammoud, l'oublies-tu? Et les tentatives faites auprès de mes autres frères, les oublies-tu? Non, entre les Anglais et moi, vois-tu, c'est une guerre sourde, mais une guerre à mort.

— Que comptes-tu faire contre eux?

Il me regarda comme s'il eût voulu lire au fond de mon cœur.

— Les Anglais sont non-seulement nos ennemis politiques, mais nos ennemis religieux, dit-il.

— Que comptes-tu faire contre eux? répétai-je.

— Si, quoique Français, tu es un bon musulman, tu dois les détester autant que moi.

— Ajoute qu'ils ont tué mon père en 1813 (retraite de Vittoria).

— Je puis donc avoir confiance en toi et compter sur ta discrétion?

— Entièrement.

— Eh bien! alors, je n'hésite plus à te dire tous mes projets, qui, s'ils sont favorisés par le Prophète, fermeront avant six mois la mer Rouge aux Anglais et sauveront l'islamisme.

— Par quel moyen?

— En barrant le détroit de Bab-el-Mandeb.

J'eus l'air stupéfait, quoique de longue main je connusse ce projet par les confidences du chérif Soliman.

— Et comment t'y prendras-tu? lui demandai-je.

— Connais-tu Aden?

— Non, mais je sais comment est fait le détroit.

— Tu sais alors que les grands bâtiments ne peuvent passer qu'entre Aden et Périm.

— Je sais cela.

— Eh bien ! je coulerai, s'il le faut, cent boutres chargés de pierres qui barreront le passage.

— Tu sais combien la mer a de profondeur entre Aden et Périm ?

— Non.

— Elle a de trente-quatre à trente-cinq brasses.

— Comment sais-tu cela ?

— Je le sais. Il te faudra, non point cent boutres, mais trois cents.

— J'en coulerai trois cents, j'en coulerai six cents s'il le faut.

— Mais il faudra les fixer avec des ancres et des chaînes, tes navires, sans quoi la marée et le courant les entraîneront.

— Je les fixerai.

— Alors tu fermeras non-seulement la mer Rouge aux Anglais, mais à toutes les autres nations. C'est tout simplement la ruine de ton pays que tu rêves.

Il resta un instant pensif.

— Sans compter, ajoutai-je, qu'outre les Anglais, tu vas te brouiller avec tous les autres peuples européens, qui se donneront la main, non-seulement pour rouvrir le passage, ce qui ne sera pas difficile, mais pour t'expulser.

— Alors, dit Husseïn, ce serait la guerre sainte (*djehad*), et trois millions d'Arabes prendraient les armes, sans compter deux auxiliaires contre lesquels tous les soldats de l'Occident ne pourront jamais rien, — la fièvre et la soif.

— Ainsi, pour venger ta rancune particulière contre les Anglais, tu vas mettre la péninsule à feu et à sang ?

— J'ai fait un vœu !

Quand un musulman dit : J'ai fait un vœu ! il n'y a plus rien à lui répondre. Aussi ne lui répondis-je rien. Il vit que je me taisais, mais non point par conviction. Il continua.

— Ce sont les Anglais qui empêchent le Grand-Seigneur de reconnaître ma souveraineté ; ce sont les

Anglais qui l'engagent à me déposséder des villes du littoral, et à y remplacer mes frères et mes soldats par des pachas et des garnisons. Ce sont les Anglais qui offrent de payer ces pachas et ces garnisons, la Porte n'étant pas assez riche pour les payer. Enfin, tous mes préparatifs sont faits sur divers points de la mer Rouge, et quelques semaines suffiront à mettre mon projet à exécution.

— Mais, lui dis-je alors, sans barrer la mer Rouge, ne pourrais-tu, en te réunissant aux Wahabytes, aux gens de l'Assir et aux Hadramites, chasser les Anglais d'Aden ?

— J'y compte bien, dit-il.

— A ce point de vue-là, compte sur moi.

— Tu m'aideras ?

— De tout mon pouvoir, et je me ferai tuer avec toi s'il le faut; mais pas de barrage.

— Pourquoi ?

— J'ai la conviction que ce serait ta perte.

— J'ai fait un vœu ! répéta encore Husseïn d'un air sombre.

— Mais si tu arrives au même résultat par un autre moyen, ton vœu se trouve accompli...

— L'autre moyen n'est pas si sûr, dit-il.

— Voyons.

— J'ai des intelligences dans la place, je ferai révolter les nègres sommaliens et les habitants musulmans. Ils incendieront la ville. Pendant que les Anglais éteindront, j'attaquerai avec cinquante mille hommes.

— Connais-tu la ville ?

— Oui, par les rapports que les Arabes m'en ont fait.

— Sais-tu par quel point elle est abordable ?

— Par l'est et par le nord.

— Et l'artillerie ?

— Je prendrai Aden d'assaut; je sacrifierai dix mille hommes, s'il le faut.

— C'est chanceux.

— Je marcherai au nom du Prophète.

— Je te dis que je te seconderai de tout mon pouvoir.

— Tu me l'as dit.

— Veux-tu que je te seconde?

— Oui.

— Envoie-moi à Aden, nous n'avons rien à faire tant que les fours ne seront point prêts et que la terre ne sera pas arrivée. Dans quinze jours je serai de retour.

— Tu reviendras?

— Foi de musulman!

— Sur la tête de ton père, que les Anglais ont tué?

— Sur la tête de mon père, que les Anglais ont tué!

— Dans quinze jours?

— Dans quinze jours!

— Je t'en donne vingt.

Puis, comme il avait l'air de douter :

— Seulement, ajoutai-je, pour me secourir en cas de besoin et me servir de guides s'il le faut, donne-moi deux hommes de confiance.

Cette proposition parut charmer le chérif Husseïn.

— Je te les donnerai, dit-il, comme s'il m'accordait une grâce; mais comment entreras-tu à Aden ? ajouta-t-il.

— Comme un marchand turc venant y faire des emplettes.

— C'est bien !

— Tu m'as dit que tu avais des intelligences dans Aden ?

— J'en ai.

— Il sera bon que tu m'accrédites auprès de celui en qui tu auras le plus de confiance. Tu comprends que c'est ma tête que je joue.

— Une lettre de moi te compromettrait trop. Mieux vaut que tu prennes ici des lettres d'un négociant, d'un Banian, par exemple. De cette façon, celui auquel tu seras adressé ne saura pas même le but de ton voyage, et comme j'ai besoin moi-même, vu l'approche du grand Beïram, époque à laquelle je fais des cadeaux à tout le monde, de beaucoup de marchandises, tu seras mon courtier.

— Soit ! mais l'achat de ces marchandises prendra un assez long temps. Ne sois donc pas étonné, si je puis ne pas faire d'emplettes, que je n'en fasse pas.

— Tu feras comme tu voudras ; les marchandises ne sont qu'un moyen.

— Ne puis-je me déguiser en Bédouin et entrer dans la ville comme si j'allais au marché ?

— Ce sera difficile. Tu as le teint, mais pas la figure arabe. Les Arabes te reconnaîtront pour étranger et te dénonceront.

— Bien ; je prendrai conseil des circonstances.

— Quand partiras-tu ?

— Quand tu voudras.

Husseïn regarda le ciel. Quelques nuages couraient assez rapidement dans la direction du sud.

— Le vent est bon, dit-il.

— Eh bien !

— Eh bien ! dans une heure, avec un de mes dromadaires, tu peux être à Djézan. Je te remettrai une lettre pour le chérif Ali, mon neveu, qui mettra immédiatement à ta disposition le meilleur marcheur qu'il y aura dans le port.

— Et mes lettres ?

— C'est juste; tu ne partiras que demain matin.

— A quelle heure?

— Au point du jour.

— Demain, au point du jour, je viendrai prendre les lettres et la note des articles que tu veux que j'achète pour toi.

— Ne viens ici que quand tu verras un drapeau rouge sur un des coins de ma terrasse.

— C'est convenu.

Le lendemain, au point du jour, le drapeau rouge flottait sur la terrasse, le *chemâl* soufflait toujours. Dix minutes après avoir vu le signal, j'étais chez Husseïn.

— Souviens-toi de ce signal, me dit-il. Désormais quand, le jour, tu verras flotter le drapeau rouge, c'est que j'ai besoin de te voir. La nuit, deux lanternes, placées à l'angle est, le remplaceront.

Ce fut, en effet, ainsi qu'à l'avenir nous correspondîmes.

Mes lettres étaient prêtes. Les dromadaires étaient sellés, deux eunuques abyssins étaient équipés pour partir avec moi. Je pris congé de Husseïn. A la porte, le khasnadar m'attendait. Il me remit une bourse pleine d'or de la part du chérif.

— Le seigneur, dit-il, t'invite à ne pas t'inquiéter de ta maison : il veillera sur elle.

Comme on m'avait donné la bourse sans compter, je la remis sans compter à Sélim.

— Serre cet argent, lui dis-je, il doit être employé aux emplettes du seigneur.

— Ou à tes besoins personnels, dit le khasnadar.

Il pouvait y avoir dans cette bourse une quinzaine de mille francs en guinées anglaises et en guinées du pacha d'Égypte, qui sont une contre-façon des premières. Sélim la pesa dans sa main.

— C'est bien lourd, dit-il, où vais-je mettre cela ?

— Dans ta *djebbirâh*.

La djebbirâh est une espèce de sabredache qui s'accroche au pommeau de la selle. Il y en a d'un travail extrêmement remarquable.

— Elle ne peut pas y entrer.

— Divise la somme.

Il m'en donna une partie et prit l'autre, toujours sans compter. J'avais la plus grande confiance dans Sélim, et je n'ai jamais eu à m'en repentir.

Nous avions sept lieues à faire au milieu d'un pays plat parsemé de petites oasis, avec des nappes brillantes qui indiquaient la présence du sel. Nous traversâmes tout ce pays en une heure et demie.

A une lieue de Djézan, nous aperçûmes la mer, et nous entendîmes le mugissement des vagues. La mer nous apparaissait à travers les échancrures d'une chaîne de montagnes nommée Djebel-Ibn-Yakûb. Vers sept heures du matin, nous mîmes pied à terre devant le seuil de la douane. Les deux Abyssins me laissèrent là et s'empressèrent d'aller trouver, avec la lettre du chérif, Ali, qui vint immédiatement me recevoir. C'était lui qui, faute d'ordres, m'avait, on se le rappelle, deux ou trois mois auparavant, refusé une escorte.

Il me conduisit à l'instant même chez lui, me fit servir des rafraîchissements, et ordonna de me fréter un petit bateau et de le choisir le meilleur marcheur possible. Dans ce cas-là, ce sont les bâtiments pêcheurs qu'il faut prendre. D'ailleurs, ce sont eux qui passent le plus facilement inaperçus. Il va sans dire que je ne racontai rien au chérif du but de mon voyage. L'ordre était donné de me fournir un bateau, mais cet ordre ne disait même pas où ce bateau devait me transporter. Je laissai tomber dans la conversation le nom de Djedda.

Le bateau fut trouvé et mis à ma disposition vers neuf heures du matin. Seulement il dut rester à l'ancre jusqu'à midi, le vent ne se levant ordinairement que de dix à onze heures. Quand à cette heure il n'est pas levé, il y a calme pour toute la journée. Comme toujours, ma présence produisit son effet. Mes deux eunuques abyssins redoublaient la curiosité ; je passais toujours pour médecin. Soit maladie réelle, soit curiosité, cinq ou six malades vinrent me consulter. Le chérif lui-même avait aussi son indisposition. Il va sans dire encore que je n'eus le temps d'entreprendre aucune cure.

Vers deux heures, je montai dans mon *saya* avec

les eunuques du chérif et Sélim. J'avais profité de ce temps pour l'approvisionner. La brise, qui était nord-est, nous avantageait pour sortir de la rade. Une fois sortis, nous fûmes obligés, pour éviter les récifs et franchir les passes, de marcher droit vers l'ouest. Nous avions l'air de courir des bordées et de gagner la haute mer pour aller à Djedda. Quand nous fûmes cachés par la grande île Segid, j'ordonnai de mettre le cap sur Moka. Le reïs, qui comptait aller à Djedda, fut tout stupéfait. Il va sans dire que je ne m'inquiétai aucunement de sa stupéfaction, et que je lui réitérai l'ordre de marcher au sud-est. Comme il était à mon entière disposition, il obéit. Mais il fallut l'intervention des deux Abyssins pour le déterminer à se soumettre. La promesse d'une récompense raisonnable adoucit sa mauvaise humeur d'être obligé de tourner au sud quand il croyait tourner au nord. Un autre détail le tracassait encore, c'est que j'exigeais qu'il gardât la haute mer. En haute mer, la marche est toujours plus rapide, et nécessite moins de précautions à cause des récifs qui sont, ainsi que les îles, en moins grand nombre que le long des côtes.

Au reste, notre petit saya méritait son titre de courrier (*saya* veut dire courrier). Il semblait défier le vent, qui nous poussait, et nous filions quelque chose comme douze à treize nœuds à l'heure. Il est vrai que ces courriers, n'étant point pontés et n'ayant qu'une petite dunette, risquent à chaque instant de chavirer. Au reste, notre patron était un excellent pilote, connaissant l'usage de la boussole, et manœuvrant admirablement sa coquille de noix avec ses trois ou quatre noirs. Il s'appelait Abd'el-Latif.

Vers le soir, la brise grandit et nous poussa si vigoureusement que, le lendemain matin, au point du jour, à cette heure où l'atmosphère est si pure et la vue si claire, nous nous trouvions par le travers de Hodeïda. Nous avions fait à peu près cinquante lieues. Le volcan de Djebel-Tarr était doublé, ainsi que toutes les petites îles de Sabugar. Comme si le hasard avait su que j'étais pressé et eût résolu de me traiter en ami, aucun incident ne retarda notre route. Seulement la mer commençait à se rétrécir à vue d'œil. D'une rive à l'autre, elle n'avait plus guère que trente lieues de large. On ne voyait pas encore les deux bords, mais, le matin, cette espèce de vapeur qui indique la présence de la terre.

A midi, au moment de la chaleur, nous avions presque chaque jour un calme complet. Il fallait en prendre son parti pendant deux ou trois heures. Comme je n'ai jamais pu m'habituer à dormir dans le jour, je m'amusais pendant deux ou trois heures à tirer des goëlands et des dorades. Les nègres dormaient comme des hommes de plomb, et je n'avais pas même le remords de les réveiller par la détonation de mon fusil.

Pendant la nuit, au contraire, quand je dormais à mon tour, l'équipage veillait, chantait, dansait, fumait et prenait son café.

Mais la préoccupation à mon égard subsistait. Où allais-je et dans quel but allais-je? c'était l'objet de toutes les conversations nocturnes.

Si j'avais un conseil à donner à un voyageur qui part pour l'Orient, ce serait de rester autant que possible un mystère pour tout ce qui l'entoure. Plus le voyageur est mystérieux, plus il est respecté.

Vers l'avant-dernier jour de notre navigation, nous doublâmes les îles de Djebel-Sokar, où je devais, quelques mois plus tard, faire un séjour forcé de dix-huit jours; puis les îles d'Aroé; nous approchions de Moka. Mon reïs s'était mis dans l'esprit que c'était là que j'allais. Le soir, pour tirer quelque chose de moi :

— Demain matin, me dit-il, nous serons à Moka.

— S'il plaît à Dieu! répondis-je.

Il prit ou fit semblant de prendre ces mots pour une affirmation. Pendant la nuit, je m'aperçus que le reïs se rapprochait de terre. Les feux ne me paraissaient qu'à trois lieues ou trois lieues et demie de nous. D'ailleurs la boussole confirmait ma croyance; le ciel était magnifique, tout sillonné la nuit d'étoiles filantes; l'eau était phosphorescente, et l'on pouvait distinguer à une grande distance sur la mer.

Le lendemain, nous nous trouvions en effet en vue de Moka.

IX

Nous distinguions très-facilement et à l'œil nu la forêt de palmiers dont Moka est entourée, ainsi que les principaux édifices.

Moka, vue de loin, a un aspect des plus pittoresques. Il y avait une grande satisfaction à bord. Personne ne doutait plus, effectivement, que nous n'allassions à Moka, et c'était chose toute naturelle que le reïs, son équipage et même mes Abyssins se fussent mis cette idée en tête, Moka étant la capitale officielle de l'émir Husseïn.

J'ai déjà employé, je crois, le mot d'*émir* au lieu du mot *chérif;* ces deux mots sont à peu près équivalents : chérif veut dire noble, c'est-à-dire descendant de Mahomet; émir veut dire chef, prince surtout.

Nous naviguions donc vers Moka, quand je donnai

tout à coup l'ordre de reprendre la haute mer et de nous diriger sur le cap Ras-Firmâh. Or, le cap Ras-Firmâh est sur la côte d'Abyssinie. C'est une montagne très-élevée, qui a la forme et l'échancrure d'une selle : aussi les Arabes l'appellent-ils Djebel-Serge, — *montagne-selle.*

L'étonnement de mes hommes à cet ordre fut inexprimable. Il fallut encore l'intervention de mes Abyssins pour forcer le patron à m'obéir. Ce qu'il y a de curieux, c'est que, tout en maintenant la police à mon bord, mes Abyssins étaient pour le moins aussi fâchés que les autres de ne point aller à Moka.

A cet endroit de notre navigation, la mer s'était fort resserrée. Elle n'avait pas plus de dix à douze lieues de large. Il nous suffit donc de deux heures et demie pour nous trouver au Ras-Firmâh. Commençons par dire qu'il n'existe pas une seule maison au Ras-Firmâh, ce qui redoubla l'étonnement de tout mon équipage. Sélim seul restait fort tranquille au milieu de l'agitation générale. Il allait où j'allais, peu lui importait où.

Une des raisons que le reïs m'avait données pour descendre à Moka, c'était la nécessité de faire de l'eau, notre provision d'eau étant épuisée. Comme on croyait à une courte navigation, le patron et son équipage s'étaient servis de notre eau pour les ablutions. Il en résultait que l'eau manquait. Or, je savais que, dans une petite anse du Ras-Firmâh, il y avait toujours de l'eau douce conservée dans les excavations des rochers. Cette eau venait des orages et des pluies équatoriales. L'eau ne tombe pas souvent dans la mer Rouge, mais, quand elle y tombe, le ciel n'en est point avare.

J'annonçai donc au reïs que j'abordais au Ras-Firmâh pour faire de l'eau.

— Mais cette eau faite, me demanda-t-il, où irons-nous?

— Où je te conduirai, répondis-je.

Le reïs secoua la tête; il était évident que ce n'était déjà plus de la curiosité, mais de l'inquiétude. Lorsque nous fûmes à terre, j'annonçai que nous passerions la nuit là. Si j'eusse continué mon chemin, je traversais le détroit pendant l'obscurité; c'est ce que je ne voulais pas. J'étais venu pour *voir*, et la nuit, j'eusse mal vu. L'ordre donné de passer la nuit à terre faillit faire éclater une révolte.

Le pays d'Anakil, sur lequel nous venions de mettre le pied, est sillonné par diverses tribus de Gallas pasteurs, ou plutôt de Gallas pillards, et de Dumhoëtas, plus pillards encore, s'il est possible, que les Gallas. C'est le pays des lions noirs. Les troupeaux, dont ces lions sont les véritables seigneurs, se composent d'une race de moutons à tête noire et à grosse queue terminée par un fouet roulé en trompette comme la queue du porc. Au reste, leur chair a quelque affinité avec celle de ce dernier animal, dont il porte la soie au lieu de laine.

Je vis autour du réservoir des traces de gazelles et de lions. Règle commune en Orient : partout où il y a de la gazelle, il y a du lion. On trouve aussi, aux environs du Ras-Firmâh, une espèce de vache qui a des cornes aussi larges que des bois de cerfs; des brebis entièrement blanches, dont la queue, longue d'une aune, est tournée sur elle-même comme un cep de vigne; elles ont de plus le cou gonflé par une espèce de fanon qui pend jusqu'à terre, et qui leur donne quelque ressemblance avec la brebis d'Ajan. Les montagnes sont peuplées de béliers sauvages.

On récolte dans le pays la myrrhe, l'encens, la casse, la cannelle et quelques résines odoriférantes; le caféier pousse dans la partie centrale.

Comme les craintes de nos hommes n'étaient pas tout à fait dénuées de fondement, après avoir fait l'eau nécessaire, nous nous rembarquâmes, mais je fis jeter l'ancre à une centaine de mètres du rivage.

Au moment du coucher du soleil, une particularité me frappa. Le soleil ne se coucha point comme un globe de feu, mais sous la forme d'une colonne. Était-ce l'effet d'un mirage, ou cela tenait-il au degré de latitude sous lequel nous nous trouvions? Nous étions par le 13e degré nord.

Pendant la nuit, nous entendîmes le rugissement des lions qui se rapprochaient du rivage. Sans doute ils venaient faire de l'eau à leur tour. Les cent mètres qui nous séparaient de la terre ne rassuraient pas mes marins contre les attaques du roi du désert. Au reste, quiconque a entendu le rauquement du lion ne l'oubliera jamais.

A part ce rauquement, la nuit fut parfaitement calme. Dès le lever du soleil, et aussitôt la prière faite, je donnai le signal du départ.

— Mais enfin, demanda le reïs, où veux-tu que je te conduise ?

— Droit devant nous, lui répondis-je.

Et nous mîmes le cap sur l'île Périm.

Vers deux heures de l'après-midi, nous avions l'île Périm à trois ou quatre lieues en face. A ce point de la mer Rouge, les deux rives, qui vont toujours se rapprochant jusqu'au détroit, où elles ne sont plus éloignées l'une de l'autre que d'environ quatre lieues, sont visibles à l'œil nu. Cependant une espèce de vapeur qui les couvre empêche de distinguer complétement les objets. L'aspect de ce double rivage est triste et décharné. Du sable, des dunes, quelques rochers, presque pas de verdure.

A la hauteur de l'île Périm, un peu plus verdoyante que le reste du paysage, je donnai l'ordre au patron de se préparer à la pêche. Il ne comprenait pas quelle était mon intention en venant pêcher aussi loin, ni quelle espèce de poisson je comptais prendre. Cependant, comme toujours, il fallut obéir. Je craignais d'être vu par quelque navire anglais et inquiété si notre bâtiment n'était pas considéré comme bâtiment pêcheur. D'ailleurs, je ne voulais pas qu'il fît une marche trop rapide, espérant pouvoir sonder, et voulant me rendre compte de la possibilité de réalisation des projets du chérif.

Vers cinq heures, nous doublions le détroit et ce bouquet d'îles que les Arabes appellent les *Huit-Frères*. Nous entrions dans l'Océan Indien. L'étonnement de mon reïs devenait de la stupéfaction. Je lui ordonnai de serrer la côte d'Arabie de manière à ne pas m'en éloigner de plus d'une lieue ou une lieue et demie. La nuit était venue.

Le lendemain, au point du jour, nous doublions le cap Ras-Arimora, le cap *San-Antonio* des Européens.

Enfin, vers cinq heures du soir, je donnai l'ordre de mouiller dans l'anse de Bir-Ahmed (*du puits d'Ahmed*). Elle n'a pas de nom sur les cartes européennes. Je dépêchai à l'instant même un de mes eunuques vers le petit village de Lahadj, lui donnant l'ordre de me ramener des mulets ou des ânes pour faire le trajet. Je comptais résider à Lahadj, et entrer à Aden en voisin.

Je n'attendais mon eunuque que le lendemain assez avant dans la matinée, attendu qu'aller et retour, il avait au moins seize lieues à faire, dont moitié à pied, lorsqu'à mon grand étonnement j'entendis du bruit sur le rivage, et reconnus sa voix mêlée à celle de plusieurs Arabes. Au lieu d'aller jusqu'à Lahadj, il s'était arrêté à Bir-Ahmed, qui était sur sa route, et, autour du puits, ayant trouvé un petit village de Bédouins charbonniers, il avait loué les ânes nécessaires à notre transport. Ce retour m'arrangeait à merveille.

A deux heures du matin, j'étais prêt à partir. J'emmenai avec moi un seul eunuque, pour ne pas prendre trop d'importance par ma suite; je pris Sélim à part, et, tandis qu'il m'aidait à me travestir en homme du peuple, je lui recommandai de ne pas quitter la barque, qui devait rester dans le golfe et faire semblant de pêcher.

Vers neuf heures du matin, nous entrions à Lahadj. Lahadj est traversé par un des fleuves dont on gratifie l'Arabie, l'*Wadi-Meïdan;* le second, le troisième et le quatrième sont le *Schab*, l'*Wadi-Masora* et l'*Aftan*.

Je ne sais si, pour mériter le nom de fleuve, il est besoin d'une humidité quelconque, mais je sais que l'Wadi-Meïdan, au moment de mon arrivée à Lahadj, ne possédait pas une goutte d'eau. Les Arabes prétendent qu'en creusant dans son lit on en trouverait. Je laisse le problème aux chercheurs de puits artésiens.

Je descendis dans le premier caravansérail venu. C'est une chose excessivement commode que ces hôtelleries circulaires, avec leur puits au centre et leurs cinquante chambres à la circonférence, où l'on entre sans dire autre chose que bonjour, sans avoir à rendre compte d'où l'on vient ni où l'on va, où l'hôtelier, cafetier, barbier, chirurgien, répond à toutes les questions sans avoir le droit d'en faire une seule, et, quand son hôte s'en va, se contente toujours de la modique pièce de monnaie qui lui est offerte.

Le café est extérieur ; on y veille, on y boit du café et du *guecher* ; on y joue, on y fume surtout le *bourri*. C'est là le rendez-vous des voyageurs. Le guecher est une boisson faite avec la cosse du café. Cette boisson est infiniment meilleure que celle faite avec le grain. C'est ce que l'on appelle le café à la sultane. Le bourri est une pipe faite avec une noix de coco. C'est une espèce de *hucca* où l'on fume le *tumbac* de Perse.

Toute la société fume à la même pipe, que l'on se passe après chaque troisième ou quatrième bouffée. On avale la fumée du bourri ; les uns ont l'avarice de la garder dans leur estomac, les autres, après un temps plus ou moins long, la rendent *ad libitum* par la bouche ou par le nez.

Le tumbac vient de Chiraz. Il est compatriote du fameux vin de ce nom. Il arrive roulé en boule de la grosseur d'un échaudé, et s'écrase presque aussi facilement qu'un échaudé. Réduit en poussière, on le lave à une ou deux eaux, selon qu'on le veut plus ou moins fort, puis on le passe et serre dans un linge. Enfin, tout humide encore, on en charge le bourri, et sur le fourneau — *schoukouf* — on pose un charbon, qui y reste jusqu'à ce que le tumbac soit complétement épuisé.

Si un étranger entre, la première chose que l'on fait dans le cercle où il s'accroupit est de lui offrir le bourri. Bien entendu il n'est pas besoin qu'on le connaisse le moins du monde pour cela.

Les riches fument le hucca. Le hucca appartient, en général, à celui qui le fume, mais en général aussi le bourri appartient au cafetier.

Celui qui a un hucca a un esclave nègre qui le lui porte partout où il va, qui le lui bourre, qui le lui allume, et qui lui renouvelle son charbon si par hasard il s'éteint. Quelques-uns, plus riches encore, ont non-seulement le hucca qu'ils fument, mais encore le paillasson sur lequel ils s'asseoient. Le nègre alors porte le hucca d'une main et le paillasson de l'autre, à moins que le nabab ne porte le luxe jusqu'à avoir deux nègres, l'un qui porte son hucca, l'autre son paillasson.

On reconnaît les gens riches à ce qu'ils ont une chemise, et une bague d'argent au petit doigt de la main droite. Cette bague leur sert de cachet. Ils ne portent jamais ce cachet à la main gauche, pas plus qu'ils ne mangent avec la main gauche. La main gauche est impure. C'est la Cendrillon chargée de tous les détails de la toilette. Chez les Persans, on ne la montre même pas.

Ces cafés ont leurs âtres en flammes qui éclairent fumeurs, buveurs et joueurs, et sont de l'effet le plus pittoresque à cause des parties d'ombre et de lumière qui flottent sur eux. Les joueurs sont en général des joueurs de dames ou d'échecs.

Il y a quelques grands joueurs qui font des parties d'un jour, d'une semaine, d'un mois, qui ont des cercles comme en avaient Philidor au *café de la Régence*, et M. de Labourdonnaye au *club de la rue de Grammont*. Ils sont silencieux comme des disciples de Pythagore. Les enfants, petites filles et petits garçons, courent tout nus au milieu des groupes. Ils ont des ventres gros comme des barriques, et sucent du matin au soir la canne à sucre.

Puis viennent les danseuses. Dans la rue, à trente ou quarante pas du café, elles dansent pour elles, pour leur plaisir. Elles s'accompagnent de tambours de basque et de dabourkas. Elles chantent des refrains, et à chaque refrain frappent dans leurs mains. Ces danses sont dialoguées. Deux ou trois sociétés se placent à dix ou quinze pas les unes des autres et dansent en quelque sorte de compte à demi. Ces *yechtacha* dansent entre elles et sans admettre d'hommes dans les figures qu'elles exécutent. Dans un cercle plus éloigné s'agitent, gambadent, cancanent les nègres. Là, hommes et femmes sont mêlés. Tout en dansant, les nègres mâchent du bétel, les femmes du mastic en larmes ou de l'encens. Les uns et les autres font également usage de la noix de *gourou*, qui a le privilége de faire abondamment saliver. La noix de gourou tient lieu de rafraîchissement.

Les vieux tiennent leurs chapelets et récitent des prières, ou expliquent certains versets du Coran. Les jeunes gens se préoccupent de politique, de chasse, de guerre, de commerce, d'amour.

N'oublions pas les danseuses de profession. Donnez à ce mot de danseuses toute l'extension possible. Elles ont un costume qui correspond, comme signification symbolique, à l'absence de la ceinture dorée du moyen âge. Non-seulement celles-là dansent, mais elles fument, boivent et mâchent le hachich, et alors les danses des nègres sont des menuets d'Exaudet comparées à leurs danses. Chacun leur donne selon ses moyens. Seulement, ce serait les humilier que de leur donner l'offrande dans la main. On leur colle la pièce d'argent ou d'or contre le visage. Toutes ces pièces d'or passent en ornement à leur chevelure, en bracelets à leurs bras, en chevillières à leurs pieds, en boucles d'oreilles, en collier, en bagues. Tout cela rend, lorsqu'elles marchent ou qu'elles dansent, un petit bruit charmant, qui les annonce de loin comme les grelots annoncent la mule.

Puis, enfin, il y a le derviche. Celui-là est charlatan, médecin, sorcier, danseur, hurleur, diseur de bonne aventure, espion, tout enfin, excepté homme. Il a toutes sortes de priviléges. Partout où il va, il lui est dû quelque chose. Si c'est dans une hôtellerie, logement gratis; si c'est dans un café, café gratis.

Un marchand qui refuserait la pratique d'un derviche hurleur ou tourneur, — ce sont les deux occupations principales des derviches, — serait un homme ruiné. On ne prendrait plus rien chez lui; sans compter que, s'il avait affaire à un derviche rancunier, ce derviche n'aurait qu'un mot à dire pour le faire lapider.

Demandez à mon ami Arnaud, qui avait eu le malheur de refuser une bougie à un derviche. Il y avait alors des incendies de tous côtés, le derviche l'accusa d'être l'incendiaire. On crut le derviche, on poursuivit Arnaud de rue en rue. Il allait périr sous les pierres, la boue et les bâtons, si la porte d'un Turc un peu moins fanatique que les autres ne se fût ouverte devant lui. Il y entra. Il était temps! Le Turc s'appelait Hadji-Jusuf; il eut toutes les peines du monde, non-seulement à sauver Arnaud, mais à se sauver lui-même. Cela se passait à la fin de 1842, à Hodeïda.

Voilà donc comment les nuits, au moment où l'on commence à vivre dans l'Yémen, s'écoulent de huit heures du soir à six heures du matin.

Avons-nous bien parlé de tout : hôtelleries, joueurs, buveurs, fumeurs, danseuses, nègres, almées et derviches? Nous avons oublié les chameaux se promenant avec gravité au milieu des différents groupes, et le chant du coq, remplaçant les horloges et sonnant régulièrement les heures.

En arrivant au caravansérail, je pris ma chambre comme les autres, mais je ne la gardai pas toujours, chaque chambre n'ayant d'autre ouverture que la porte, par conséquent pas de courant d'air. Circonstance grave dans un pays où, par la saison chaude, le thermomètre monte de 42° à 50°. Cette température, un tiers au-dessus de celle qui fait éclore les vers à soie, fait par malheur éclore bien d'autres animaux

A peine fus-je entré dans cette malheureuse chambre, que je me sentis piqué par des milliers d'épingles. Je passai l'inspection de ma chambre avec une cire. C'était effrayant à voir. Il y avait une collection de tous les insectes, depuis le moustique jusqu'au scorpion, à la tarentule et au millepieds, mais non point par couples comme dans l'arche, par milliers, par millions, par milliards.

Je me réfugiai dans la cour, au milieu des chameaux. Là, j'eus un autre agrément. J'attrapai un animal qui fait particulièrement la cour au chameau, et qui, quand le chameau lui manque, se contente de l'homme. Je ne connais pas son nom scientifique, mais je ne crains pas de l'humilier en le comparant à ces tiquets d'Europe qui se font si dodus aux dépens de nos chiens de chasse. J'appelai mon eunuque. Mon eunuque se nommait Osman, ni plus ni moins que dans une tragédie de Racine.

— Osman, lui dis-je, il est impossible de rester cinq minutes de plus ici.

— Pourquoi cela, seigneur pèlerin? me demanda-t-il.

Tout musulman qui est allé à la Mecque est *hadji* (pèlerin), et est salué de ce titre.

— Mais regarde donc, lui dis-je en lui montrant un coin de ma chemise où se trouvait réunie une collection de vermine qui eût fait envie à un Espagnol.

Osman regarda, mais ne comprit point.

— Des puces, des punaises, lui dis-je.

— Eh bien?

— Eh bien! je veux aller quelque part où il n'y ait point de cette vermine-là. Cherche-moi un logement; je ne resterai pas une heure ici.

— Prends garde qu'une si grande délicatesse te fasse reconnaître pour ce que tu es.

— Que peut-il m'arriver de pis, si l'on me reconnaît, que d'être pendu? j'aime mieux être pendu que dévoré vivant par ces horribles bêtes.

Osman m'expliqua que partout où j'irais, ce serait la même chose, et peut-être pis encore. Mais il prit un terme moyen. Il sortit en me faisant signe de prendre patience. Un instant après, je le vis revenir avec un *sirir* et un sac en toile de coton gommé. Un sirir est un cadre supporté par quatre pieds représentant assez bien un fond sanglé, excepté que les sangles sont remplacées par des cordes en feuilles de palmier. C'était la couchette. Le sac en toile de coton gommé était à la fois le matelas, la couverture et les draps.

Il dressa le cadre en dehors et près du café, tout en me montrant une dizaine de voyageurs qui avaient eu recours à l'expédient qu'il m'offrait, et qui me prouvaient par leurs ronflements qu'ils ne s'en étaient pas mal trouvés.

Il s'agissait pour le moment de me dépouiller de mes vêtements et de ma *fouta* (mon pagne), et de m'introduire le plus discrètement possible dans mon sac. Mais mon sac me paraissait d'une propreté équivoque. Je me contentai donc, au grand étonnement d'Osman, de le convertir en oreiller, et de me coucher *tout habillé* sur mon cadre. Il est vrai que mon *tout habillé* n'avait pas là-bas la signification qu'il a ici.

l me fut impossible de dormir. Mes délicatesses européennes, jointes aux différents dangers que j'ai presque toujours courus et qui me forçaient de ne dormir que d'un œil, m'ont tellement habitué à la veille, qu'aujourd'hui en France, où ni ennemis ni insectes ne troublent mon sommeil, je dors à peine et suis toujours prêt à sauter à bas de mon lit au moindre bruit.

Je n'étais pas précisément venu au reste pour dormir, fumer, prendre du café et voir danser des almées; mais un des caractères du tempérament musulman est de ne jamais se presser. Un musulman a du temps pour tout. Ce sont les juifs, les chrétiens et les Grecs qui se pressent. Et encore à la longue subissent-ils cet empâtement général. Je devais donc, comme tout musulman, et là plus qu'ailleurs, remplir tous mes devoirs religieux. Aussi, réuni à mon groupe, fis-je la prière avec tout le monde.

La prière faite, tout le monde mange. Osman m'avait préparé une poule au riz. Je mangeai ma poule, et, comme l'heure des affaires était venue, je pensai à mes affaires. D'abord je devais me rendre compte de la position de Lahadj. De son côté, Osman devait, pour satisfaire ma curiosité de voyageur, s'informer du total de la population et des noms des principaux négociants.

Lahadj est un gros village, ni fort peuplé, ni fort étendu. Les habitants naturels sont des cultivateurs et des artisans. Sa population flottante se compose des Bédouins marchands, venant vendre leurs produits, — des troupeaux, du beurre, du café, de la laine. Cette population flottante, toujours en hostilité avec les Anglais, s'éloigne ou se rapproche selon la guerre ou l'armistice. Si les Anglais se plaignent des hommes qu'on leur a tués et se fâchent, les Bédouins se retirent dans les montagnes au milieu desquelles Lahadj est situé. Alors les Anglais ne sont plus assassinés; ils meurent de faim.

Les Anglais alors doivent aller chercher leurs vivres

indigènes sur la côte orientale d'Afrique, à Maurice et à Ceylan. Quand ils oublient les assassinats et proclament la paix, les vivres reparaissent et les marchés d'Aden regorgent. L'avantage des Anglais est donc de ne pas faire l'appel de leurs hommes trop scrupuleusement. Une fois l'argent entré dans les mains des Bédouins, il n'en sort plus jamais. Cependant, si la guerre est proclamée, s'il faut acheter des armes et de la poudre, alors l'argent anglais revoit le jour.

Lahadj est à dix-huit ou vingt milles au nord d'Aden, six à sept lieues.

Au nombre des insectes qui peuplent le pays, nous n'avons point parlé d'un animal à lui seul aussi désagréable que tous. C'est un frelon gros comme une forte noix, qui pique avec la queue, comme les guêpes, et dont la piqûre est aussi grave que celle du scorpion. Ces frelons adorent les dattes. Quand on les recueille, c'est une guerre à soutenir, souvent contre toute une bande. Quoique sèches, ils reconnaissent les dattes pour un vol qui leur a été fait, et viennent vous les disputer jusque dans les mains, jusque dans la bouche. Ils ont un bourdonnement avec lequel ils sonnent leur déclaration de guerre. Je retrouvai cette même abominable mouche à Mascate et à Bassora, en Perse et sur tous les cours d'eau bordés de palmiers dattiers. J'ai vu trois de ces mouches tuer un chameau. Je crois que j'en ai déjà parlé ; mais je n'en dirai jamais le mal que j'en pense. J'ai été piqué par une vipère et par une de ces mouches. Je ne fais pas de différence dans la douleur ni dans le danger couru.

Le village est généralement bâti en bambous et en torchis. On y voit cependant quelques maisons bâties en pierres, et une forte citadelle habitée par le cheik de l'endroit. Le reste de la journée fut occupé par moi à faire ces observations. J'ai raconté ce qui se passait la nuit.

Le soir, je me rendis chez le cheik, visite de politesse. Il s'appelait Sidi-Ahmed. Ahmed est le diminutif de Mahomet.

Mon titre de hadji me faisait bien venir partout;

mon turban vert le proclamait quand mon Abyssin n'était pas là pour m'annoncer. Le cheik voulut savoir ce qui m'amenait à Lahadj. Mon but était tout commercial. Je venais directement de la Mecque, j'étais un marchand turc.

Il me demanda des nouvelles du chérif de la Mecque et de sa famille, des nouvelles du pacha de Djedda. J'étais ferré sur le pacha et sur le chérif.

Puis il entama la question politique, et me demanda ce qu'il y avait de nouveau au point de vue des Anglais. Mes affaires commerciales m'empêchaient de me préoccuper d'affaires politiques. Cependant, par cela même que je semblais mal renseigné, je poussai le cheik et l'espèce de cour qui l'entourait, son conseil municipal, la *djemôa*, à parler. Chacun alors donna sa nouvelle. Le fond de tout cela était une haine profonde pour les Anglais. Seulement, chez le cheik, cette haine était tempérée par la cupidité. Au bout du compte, ces Anglais tant haïs enrichissaient tout le monde. On leur faisait tout payer au cours de Londres. Voler un Anglais, c'était un acte méritoire; moins méritoire cependant que de le tuer. Mais ne pouvant pas faire ce qu'on veut, on fait ce que l'on peut. Seulement on se vantait de les voler, mais on ne se vantait pas de les tuer.

Quand ce malheur arrivait, qu'on trouvât un Anglais assassiné, les habitants de Lahadj déploraient ce malheur, se mettaient à la recherche de l'assassin, et comme, le plus souvent, c'était l'assassin qui était chargé de la recherche, l'assassin, bien entendu, ne se trouvait pas. On rejetait alors le péché sur les Béni-Sobach, les Béni-Ayas et les Fadélis. C'étaient d'abominables brigands qui ne vivaient que de meurtres et de rapines; mais on ne pouvait rien contre eux, et cela se passait ainsi.

Au reste, le cheik écoutait toutes les malédictions sans s'y mêler. Il affectait même d'être au mieux avec le gouverneur d'Aden, le capitaine Haines, homme très-remarquable, qui commande encore aujourd'hui.

Le capitaine Haines à Aden, le consul Hamilton à Zanzibar, et le major Hennel résidant à Bender-Bouchir, sont les principaux rouages de cette superbe mécanique appelée la puissance anglaise, et qui domine dans la mer Rouge, sur le golfe Persique et sur les mers de l'Inde.

Chaque fois qu'au point de vue arabe on racontait les faits du capitaine Haines, le cheik prenait le parti du capitaine Haines.

— Ah ! disait-il de temps en temps, quel malheur que le capitaine Haines ne soit pas musulman !

Puis, par extension :

— Et même tous les Anglais ! ajoutait-il avec un soupir.

Les Anglais dépensent des sommes folles pour s'allier les Arabes. Ils y trouvent de temps en temps un traître, jamais un ami. Pour épouvanter les hommes de la montagne, de temps en temps les Anglais mettent la main sur un Arabe et le pendent. Tout pendu est un martyr, un *schaède :* dix Anglais meurent pour ce pendu.

Le cheik me fit des questions sur le genre de commerce que je venais faire.

Je venais acheter des laines de chèvres et des poils

de chameaux. Je comptais prendre aussi quelques balles de café.

— Quand veux-tu aller à Aden? me demanda-t-il.

— Demain, s'il plaît à Dieu.

— Eh bien! je te donnerai un de mes esclaves pour t'accompagner, il te mettra de ma part en relation avec les Banians.

Sur cette offre et mes remercîments qui en furent la suite, nous nous séparâmes.

X

Aden est situé au pied des montagnes. Il faut donc arriver au dernier sommet de la dernière montagne pour voir Aden. Du sommet de cette montagne on pourrait tirer sur Aden avec des fusils de rempart. Aden est bâti sur le cap qui lui a donné son nom ou qui a reçu son nom de lui.

Beaucoup d'auteurs ont vu dans le nom d'Aden une désignation géographique du paradis terrestre. En effet, entre *Aden* et *Eden*, la différence n'est que d'une lettre. Il est à vingt-cinq lieues environ du détroit de Bab-el-Mandeb. La ville, quoique en partie ruinée par le séjour des Anglais, qui, en faisant d'Aden une ville, et surtout un fort européen, en ont chassé les indigènes, conserve encore quelques traces de son ancienne splendeur arabe.

Tout ce qui y est construction nouvelle est construction anglaise. Aden et ses environs sont l'aridité personnifiée. Les monts Schemsan, au milieu desquels ils se trouvent, montrent partout, comme des squelettes mal enterrés au désert, leurs ossements de granit dénudés par le souffle du simoûn. L'air y est insalubre, l'eau malfaisante, corrompue, détestable. Ces deux éléments de destruction réunis produisent les dyssenteries, les hépatites, les hydropisies, les éléphantiasis, enfin toutes les variétés des affections de la peau. La population, même indigène, qui devrait être habituée au climat et à l'eau, est chétive et dévorée par la fièvre; que l'on juge de l'effet produit sur les Européens! Les Anglais, chaque année, renouvellent au moins les deux tiers de leur garnison.

Depuis que le commerce arabe est à peu près détruit, la seule chose qui donne un peu de vie et de mouvement à Aden, c'est la halte qu'y fait pendant quelques heures la malle des Indes. Les quelques négociants musulmans qui habitent encore la ville trouvent dans cette circonstance un moyen d'écouler quelques-unes de leurs marchandises. Mais ils ont à lutter contre les marchands anglais; aussi le commerce est-il presque entièrement dans des mains anglaises et indiennes.

Presque toute la population d'Aden est une population de réfugiés, les uns fuyant l'imam de Sana, les autres le chérif Husseïn, ceux-ci le pacha d'Égypte, ceux-là la Porte. Elle peut s'élever à six mille habitants.

La garnison anglaise peut monter à deux mille hommes d'infanterie, quatre cents hommes de cavalerie, cent hommes du génie, et cent hommes d'artillerie.

Je jetai en passant un coup d'œil sur les fortifications. Il faut rendre justice aux Anglais, ils s'entendent à fortifier. Témoins Gibraltar et Malte. Au reste, ces fortifications sont bien plutôt élevées contre les Français et les Américains que contre les Arabes.

Ainsi, par mer, la ville est presque impossible à prendre. Il est vrai que Chérif-Husseïn ne comptait point attaquer Aden par mer. Ce côté des fortifications m'occupa donc médiocrement. Ce qui me frappa, ce fut la possibilité d'enlever la ville d'un coup de main à l'aide des Sommaliens qui travaillent dans la place, ou de la réduire en cendres en mettant le feu aux maisons de bambou, qui, grillées par le soleil, brûleraient comme des allumettes. Il suffirait pour cela de deux ou trois fusées ou de cinq ou six balles incendiaires. La population indigène secondant l'attaque extérieure, on aurait raison en une heure de trois ou quatre mille hommes de garnison. Il est vrai que le résultat ne serait qu'éphémère, les flottilles anglaises qui stationnent dans l'Inde reprendraient Aden avec la même promptitude qu'Aden leur aurait été pris; mais elles ne reprendraient qu'Aden.

Au reste, ma position dans Aden, au moment où j'y mettais le pied, était d'autant plus précaire que l'on venait d'arrêter trente-neuf Arabes, agents des montagnards. On devait les pendre d'un moment à l'autre, et le hasard eût pu faire que pour mon entrée j'assistasse à cette exécution. D'ailleurs, les prisonniers avaient, avec une constance inouïe, supporté la bastonnade et la détention. On espérait encore quelque chose de la vue du supplice; mais il n'était pas probable que cordes ni potences pussent les faire parler.

Le cheik Ahmed avait eu, à propos des trente-neuf prisonniers, des pourparlers avec le capitaine Haines. Si les prisonniers étaient exécutés, avait-il dit, les Anglais devaient s'attendre à de terribles représailles. Que cette menace eût ou non porté ses fruits, les prisonniers n'avaient pas été exécutés. Mais, dans l'attente, la population était agitée, et les espions arabes parcouraient tous les groupes pour écouter ce qui s'y disait, et faire, le cas échéant, de nouvelles arrestations.

Je fus moi-même l'objet d'une surveillance assidue. Par bonheur, à Aden comme dans tout l'Orient, il y a une population qui parle ce mauvais italien qu'on appelle la langue franque (*frengi*). Ce fut parce que j'entendais la langue franque que je connus le véritable état des choses et appris que le capitaine Haines attendait des renforts, et que les exécutions n'auraient lieu que quand ces renforts seraient arrivés.

J'affectai donc la plus grande indifférence pour tout ce qui n'était point affaire commerciale. Je suivis l'esclave du cheik chez les amis de son maître, auxquels il l'avait chargé de me recommander, et je leur achetai pour quatre ou cinq mille francs de marchandises de l'Inde : étoffes de coton, mousseline, nankin, un certain nombre de somadas, — articles qui se fabriquent dans l'Hadramout, — enfin une ou deux grosses de sandales de maroquin venant de Bombay et de Calcutta. Quant au café, je ne m'en préoccupai pas, puisque le cheik avait dit qu'il pouvait m'en fournir. J'achevai mes emplettes en achetant deux ou trois balles de cassonade. Les Arabes repoussent le sucre en pains, ayant ce préjugé que le sucre en pains est clarifié avec du sang et des os de charogne.

Je pris quelques couffes de dattes et d'épices, et, avant la fermeture des portes, j'étais sur mon âne avec mon eunuque à droite, mon guide à gauche, très-heureux de sortir d'Aden avec mes deux oreilles. J'arrivai à Lahadj dans la nuit. Remarquez que toutes les routes sont très-sûres, excepté pour des ennemis et des hommes que l'on croit des espions.

Tout le long de la route, au reste, on est reconnu par des Bédouins qui font des espèces de patrouilles. Ils nous arrêtaient à peu près de lieue en lieue, échangeaient avec mon guide quelques paroles en langue kabyle que je ne comprenais pas, et nous laissaient continuer notre chemin. Inutile de dire que rien n'était moins rassurant comme aspect que l'apparition et même la disparition de ces honnêtes gens.

Vers deux heures du matin, je rentrais à Lahadj. Depuis plus d'une heure, les aboiements des chiens, le bruit des tam-tams et des darboukas nous annonçaient que le village venait en quelque sorte au devant de nous. J'eusse autant aimé le silence, je l'avoue; j'étais éreinté de mes veilles successives, et surtout de certaines émotions éprouvées dans la journée et dont je n'avais pas été le maître.

Vu de loin, Lahadj ressemblait à un village de possédés. La ressemblance était d'autant plus frappante, que cette nuit les danses étaient éclairées par la lueur de deux ou trois cases qui brûlaient, ce qui n'empêchait pas les danseurs de danser, les joueurs de jouer, les buveurs de boire.

J'arrivai à mon caravansérail, et je me jetai sur mon cadre. Le voyage avait un peu secoué ma vermine; mais restaient les moustiques, les danseurs, et les brûlés, qui faisaient un tel bacchanal que je renonçais à fermer l'œil, quand par bonheur les cris de *dbâ-dbâ!* se firent entendre.

C'était une hyène qui venait d'enlever un petit ânon. Toute la population, joueurs, danseurs, femmes, enfants, se mit à la poursuite de la voleuse. Il va sans dire qu'on ne vit pas même le bout de sa queue, pas plus que celle de l'ânon; mais la chose eut pour moi un grand avantage, c'est que je n'eus plus affaire qu'aux moustiques et aux chants des coqs.

J'étais si fatigué que, malgré le bourdonnement des uns et la trompette des autres, je finis par m'assoupir. Mais l'assoupissement ne fut pas long : vers cinq heures du matin, j'entendis le rugissement de la panthère. J'ouvris un œil, pour voir l'effet que ce rugissement produisait sur les hommes et sur les bêtes. Les hommes ne sourcillèrent pas, mais les animaux, les chameaux entre autres, donnaient les mêmes signes de crainte que s'ils eussent couru quelque danger. Ils se levèrent sur trois pattes ; la quatrième est attachée repliée sur elle-même, par précaution ; c'est ce qui remplace le licou. Quelques-uns s'élevèrent avec une telle rapidité qu'ils brisèrent leur lien, et se mirent à courir comme des enragés. Au bruit qu'ils firent en courant et en bramant, les hommes se réveillèrent et se mirent à leur poursuite. Enfin le jour fut annoncé par le muezzin. Les femmes sortirent des maisons, leur urne sur la tête. Elles allaient chercher de l'eau, et en même temps faire leurs ablutions.

Les filles se reconnaissaient à leurs voiles blancs, les femmes mariées à leurs voiles foncés. Les hommes, de leur côté, allèrent aussi faire leurs ablutions, et, après la prière, à laquelle les femmes, excepté les vieilles, ne prirent aucune part, chacun alla à ses occupations.

Je comptais passer encore toute la journée à Lahadj, et ne me remettre en route que la nuit. Dans l'après-midi, on devait m'envoyer les emplettes que j'avais faites la veille à Aden. Puis j'avais à les compléter par l'achat de mon café moka et de mes laines. C'était, on se le rappelle, l'affaire du cheik. J'étais chez lui vers dix heures; à onze heures, nos négociations étaient terminées. J'avais acheté trois balles de café et douze à quinze ballots de belle laine filée; j'en avais pour un millier de roupies. La roupie vaut vingt-huit sous de notre monnaie.

Je dînai avec le cheik, qui me fit une espèce de fête. Mon titre de pèlerin et mon titre d'hôte lui en faisaient un double devoir. Un mouton tout entier y passa, couché sur un plat de cinquante livres de riz.

Toute la famille, tous les parents, tous les amis furent du festin, dont les débris furent ensuite partagés, non-seulement par la domesticité, mais par les assistants.

Le chameau peut rester huit jours sans boire, l'Arabe peut rester trois jours sans manger. Le chameau altéré, quand il boit, boit pour huit jours; quand l'Arabe affamé mange, il a l'air de manger pour toute la vie.

Nous fumâmes et prîmes du café jusqu'au moment du départ. J'avais dit au cheik que je retournais à la Mecque. Il me chargea d'une offrande pour le temple. Cette offrande consistait en un ballot de parfums et en une somme de cent cinquante roupies pour les pauvres. J'étais assez embarrassé, mais refuser c'était avouer que j'avais menti. Je pris donc roupies et parfums, et, à mon arrivée à Abou-Arich, je fis passer le tout à mon ami le chérif Soliman.

Vers cinq heures, mes ballots étaient arrivés d'Aden. Ils eussent dû payer un droit comme venant de l'Inde anglaise. Le cheik me fit la gracieuseté de m'exempter de ce droit. C'était une chose fort extraordinaire chez un Arabe. Je donnai l'ordre à Osman de faire charger ma marchandise sur vingt-deux chameaux. Je fis prix pour le transport moyennant quatre roupies par chameau.

A sept heures, les chameaux partirent avec leurs guides. A neuf heures, je me mis en route moi-même. Au petit jour, après avoir fait une halte d'un instant à Bir-Ahmed, j'étais rendu à l'anse où m'attendait Sélim, le second eunuque et le reïs.

Le chargement dura environ une heure et demie. Vers dix ou onze heures, nous levâmes l'ancre. Seulement le retour devenait plus difficile. Nous avions le vent contraire; les matelots furent obligés de nous haler jusqu'au cap Antonio, où nous arrivâmes vers deux heures du matin. Ils avaient fait une dizaine de lieues depuis le départ. Nous mîmes pied à terre et passâmes la nuit dans des huttes de pêcheurs, où, à ma grande satisfaction, je pus manger du poisson frais et me reposer un peu. Deux nègres et l'un des eunuques veillaient à bord. Ces pêcheurs, hommes et femmes, étaient superbes.

Sélim m'apprit que pendant mon absence il avait été visité par des canots anglais qui faisaient la police des côtes. Interrogé sur ce qu'il faisait là, il avait renvoyé au reïs, qui avait répondu :

— Je pêche en attendant le patron, qui est allé chercher des provisions et des marchandises à Lahadj.

Ceux qui montaient les canots s'étaient contentés de cette réponse.

Nous mîmes quatre jours et demi à repasser le cap de Bab-el-Mandeb. C'était à peine quatre lieues par jour. Une fois l'île Périm dépassée, nous marchâmes à la voile. Le vent, sans être tout à fait contraire, nous favorisait peu. Par bonheur, nous avions le courant.

Le soir du second jour, nous parvenions à mouiller devant Moka. Je ne parlerai point de Moka cette fois, attendu que je me gardai bien d'y descendre. Nous n'avions fait cette halte que pour prendre de l'eau et quelques vivres. Nous repartîmes le lendemain matin. Seize jours après, nous étions à Djezan. Le lendemain matin, j'étais à Abou-Arich. Mon voyage avait duré vingt-cinq ou vingt-six jours.

Chérif-Husseïn m'attendait avec une grande impatience. Il me laissa à peine le temps de descendre de mon dromadaire et m'emmena sur sa terrasse. Là, il me fit redire mot pour mot ce que sait déjà le lecteur.

Ayant vu Aden du haut de la montagne et l'ayant examiné attentivement à vol d'oiseau, je pus lui en tracer un plan sur le parquet. Mais la question n'était pas précisément dans la force d'Aden. Il était incontestable, comme nous l'avons déjà dit, qu'Aden pouvait être enlevé par un coup de main, surtout si les tribus en hostilité avec les Anglais faisaient alliance avec lui. Mais Aden, dans un temps donné, devait être incontestablement repris.

Quant au barrage, je lui en expliquai la presque impossibilité, en lui traçant à terre la configuration du col de la mer Rouge avec son cap Bab-el-Mandeb, son Ras-Bir, son île Périm et sa petite île Pilote.

Le chérif me demanda le temps de réfléchir et me fit signe de la main que j'étais libre de rentrer chez moi. Je me retirais, quand il me rappela.

— A propos, dit-il, nous avons fait pendant ton

absence bien de la besogne. Étudie tout cela, je pense que tu seras content. Si quelque chose n'est pas bien, on corrigera selon ton ordre.

En effet, ma citadelle avait acquis une nouvelle enceinte, dans l'intérieur de laquelle on avait construit un fourneau tout à fait simple, mais répondant à mes besoins. A une certaine distance des fourneaux, étaient réunis en grande quantité des troncs et des branchages de nabacks destinés à chauffer ce fourneau. D'un autre côté, se trouvaient en monceaux deux ou trois cents pièces de canon de fonte brisée en petits morceaux, prêts à être mis dans les creusets. Sous un hangar se trouvait amoncelé le sable qu'il avait fait venir de Hâs. Tout cela, y compris l'enceinte fermée par une porte parfaitement solide, avait été exécuté pendant mon absence.

XI

Je rentrai chez moi. J'étais si fatigué que je remis le bain après le sommeil. Qand je me réveillai, on m'annonça que mon bain était prêt. Tâchons de faire comprendre ce que c'est qu'un bain à Abou-Arich et dans tout l'Yémen.

D'abord, dans tout l'Yémen, il n'y a pas une seule baignoire comme nous l'entendons. Il y a des trous et des jarres. Les trous, comme on le pense bien, ne sont aucunement portatifs : il faut aller les trouver. Ils sont dans le voisinage des puits, pour que l'eau n'ait pas trop loin à couler. Une rigole, garnie d'un bambou creux, conduit l'eau où elle doit aller. Chaque famille un peu importante a son trou, qui sert à tout son monde. Ce trou est fabriqué en briques, les unes cuites au four, les autres séchées au soleil.

Ils sont environnés de plantes grimpantes ou d'arbres garnissant comme le jasmin et le myrthe. C'est une précaution prise pour que les femmes puissent s'y baigner; elles s'y baignent à trois ou quatre ensemble. Parfois ces trous sont revêtus de marbre brut; à l'user, il se polit.

Quant aux jarres, ce sont d'énormes vases ayant forme d'urnes. Ce sont de ces pots dans lesquels se cachaient les quarante voleurs d'Ali-Baba. Elles sont hautes d'un mètre trente ou quarante centimètres. Quand elles sont à demeure, on y arrive par un talus de gazon. Un robinet fixé au bas de la jarre rend aux jardins l'eau que la jarre a reçue. Dans les maisons un peu aisées, il y a cinq ou six jarres placées sur une seule ligne, et à un mètre l'une de l'autre. On y prend son bain en compagnie, et, comme la tête en sort en guise de bouchon de carafe, on a, tout en se baignant, les douceurs de la conversation. Ces jarres sont abritées par des tonnelles en jonc couvertes de jasmins, de rosiers et de chèvrefeuilles.

C'est surtout le matin, et ensuite pendant la sieste,

que se prennent les bains. Passons aux jarres portatives. Les jarres portatives sont, comme forme, exactement pareilles aux autres. Seulement, elles sont assujetties dans une espèce de construction en bois comme on en établit autour des enfants que l'on veut apprendre à marcher seuls. On les porte à volonté. Quand l'eau y est versée à une hauteur convenable, on monte sur un meuble quelconque, et du meuble on s'introduit dans la jarre. L'aspect d'un baigneur faisant anse avec ses bras nus et carafon avec sa tête rasée est souvent des plus grotesques.

Je jouissais en participation des bains du jardin et du kiosque du chérif Husseïn, qui se trouvaient entre ma forteresse et la sienne, à cinq minutes de chemin l'une de l'autre. C'était de la part de l'émir une gracieuseté qu'il n'accordait pas même à son fils. Seulement, quand je prenais un bain, je devais en informer le chérif, afin que je ne l'y rencontrasse point avec ses femmes. Cela, c'était l'affaire de Sélim. On me prévint donc que mon bain était prêt. Je me levai et me rendis au postan. Le mot *postan* correspond presque à Éden. C'est un lieu de plaisir, de récréation.

En rentrant chez moi, je fus informé que j'allais recevoir la visite du chérif. Hadji-Soliman, en mon absence, avait tout mis en ordre pour le recevoir. Au reste, c'était chose facile, le mobilier se réduisant à des tapis et à des coussins. En effet, cinq minutes après, le chérif entrait, précédé de ses nègres et accompagné de ses principaux officiers. Sa visite était à la fois une visite de politesse et de curiosité. Il ne connaissait rien de tout mon petit bazar. Mon retour était une occasion pour lui de satisfaire un désir qu'il avait depuis longtemps, et qui était stimulé par ceux qui étaient venus chez moi, et qui lui avaient parlé de mon arrangement intérieur.

En effet, j'avais beaucoup de choses curieuses pour un Arabe. D'abord mes instruments de chirurgie; puis ma petite pharmacie; puis mes instruments d'astronomie, mon baromètre, mon thermomètre, et surtout un petit sextant de poche à l'aide duquel je lui faisais mouvoir le soleil sur le plancher de la salle. J'avais en outre un graphomètre, qui lui montrait les hommes la tête en bas, les arbres la cime par terre, et les maisons sens dessus dessous.

Je fus obligé de lui faire un véritable cours. J'avais un globe en peau blanche qui se soufflait et qui représentait la terre. Husseïn consentait à en admettre la rotondité, sauf l'aplatissement des pôles; mais il refusait d'en reconnaître le mouvement. Pour lui, la terre était fixée sur un axe et n'avait qu'un mouvement de va et vient de l'est à l'ouest.

Il me parla beaucoup de Platon, d'Aristote et d'Avicenne, me disant qu'il avait leurs ouvrages en arabe. Il en était là de la science.

En sortant, il vit un petit établi de limes, un étau, un tour.

— A quoi tout cela sert-il? me demanda Husseïn. Est-ce que tu fais des montres?

— Je m'amuse à toutes sortes de travaux mécaniques, lui répondis-je. Ne dormant pas aux heures des siestes, je les occupe à un travail d'amusement.

Il me montra sa montre, vieille montre anglaise, massive, très-épaisse, marchant bien. Je l'examinai.

Elle était bonne. Il prit congé de moi sans m'avoir dit un mot de mon voyage d'Aden ni des Anglais. Un quart d'heure après, deux eunuques, dont l'un, son eunuque favori Mansour, m'apportèrent une pendule à faire marcher.

Je m'excusai sur mon ignorance, mais promis cependant de faire ce que je pourrais.

Après la visite du chérif vinrent la visite du fils, et celles des frères et des notables de l'endroit.

Chacun voulait voir ce qu'avait vu le chérif.

Le lendemain, vers les onze heures, Sélim vint m'avertir que le drapeau rouge flottait à l'angle est de la forteresse du chérif. On se rappelle que c'était le signal de jour indiquant que le chérif m'attendait.

Je m'empressai de me rendre à son signal, mais, avant de partir, je fis mes comptes et remis à Sélim tout ce qui restait de la somme donnée à mon départ par le chérif. Lorsque j'arrivai chez lui, il était seul avec son Indien. C'était son homme de confiance intime. Il s'appelait Yachya.

Je fus parfaitement accueilli par l'émir; sa visite

de la veille l'avait mis de bonne humeur. Seulement, il fronça le sourcil lorsqu'il vit Sélim, qui m'avait, contre son habitude, accompagné jusque dans la chambre, déposer sur le divan le reste du sac.

— Qu'est-ce que cela ? me demanda-t-il.

— C'est le reste de l'argent que tu m'as donné. Quant aux marchandises, elles doivent être arrivées.

Yachya fit un mouvement qui correspondait à notre haussement d'épaules.

— Mais, dit l'émir, je ne t'ai pas demandé de comptes.

— L'habitude de mon pays est d'en rendre.

— L'habitude du nôtre est de n'en pas recevoir.

Puis il donna l'ordre à Sélim de remporter le sac en lui disant :

— Emporte cela, parce que je me mettrais en colère.

Sélim obéit.

— Maintenant, dit Husseïn, parlons d'autre chose.

Sélim sortit. Husseïn revint à la charge au sujet du détroit, et je vis qu'il était vivement excité par les fanatiques à persister dans son projet de barrer le détroit. J'essayai de combattre ses idées par les mêmes arguments, et je revins sur la dépense effroyable qu'amènerait une semblable entreprise, qui, à mon avis, serait sans résultat. C'était le prendre par son côté faible. Bien que Chérif-Husseïn fût généreux en beaucoup de circonstances, il avait, comme tous les Arabes, un grand amour de l'or, et le million de roupies auquel j'estimais environ cette dépense, sans compter les accessoires, méritait bien, à mon avis, la peine que l'on y regardât à deux fois. Cette considération, et surtout celle de se créer des inimitiés avec la France, me parurent l'impressionner le plus. Il ne me dit point qu'il abandonnait positivement le projet, mais il répéta :

— Nous verrons !

Yachya, qui était un de ses conseillers les plus influents, et qui, comme je l'ai dit, avait toute sa confiance, Yachya me fit signe de ne pas insister davantage, et je me tus, persuadé que j'aurais un jour en lui un auxiliaire. Je résolus donc, après la séance, de le voir chez lui en particulier.

Nous en revînmes, ou plutôt Chérif-Husseïn en revint à la fonte des projectiles. Il me demanda quand je comptais commencer; car je crois, me dit-il, que pour la simple fonte des boulets tu n'auras pas besoin de faire venir des auxiliaires de France; je puis mettre à ta disposition les plus habiles fondeurs d'Hodeïda et de Moka. Je lui répondis qu'il avait parfaitement raison, et que pour le moment je n'avais besoin que de potiers pour confectionner les moules et les creusets. Il avait fait apporter d'avance un échantillon de cette fameuse argile de Hâs que j'avais vu la veille dans ma cour, et sur lequel j'avais déjà porté mon jugement.

— Voici la terre, dit-il, la trouves-tu bonne?

— Excellente pour faire des poteries, répondis-je, mais peut-être un peu légère et un peu friable pour des creusets et des moules.

— Mais, me dit-il avec une certaine impatience, explique-moi donc bien quel est le sable qu'emploient les Européens pour la fonte de leurs boulets.

— C'est difficile à t'expliquer, répondis-je. C'est

un sable rougeâtre, que tu ne pourrais, je crois, te procurer qu'en Europe. Mais j'espère que je réussirai au moyen d'un alliage argileux que je compte tenter pour obtenir des résultats, sinon complets, du moins satisfaisants.

Alors Husseïn fit apporter un certain nombre de creusets que, sur le modèle que j'avais laissé, il avait fait faire avec ce sable. Je les examinai.

— Ils sont très-beaux, lui dis-je, ils sont très-bien faits, mais supporteront-ils l'ébullition du métal, surtout porté à un si puissant volume?

— Nous allons en faire l'essai à l'instant même, me dit-il.

Il frappa dans ses mains, et tous ses esclaves arrivèrent au galop. Il ordonna de faire un grand feu au milieu de sa chambre et envoya chercher les fondeurs.

On mit deux ou trois de ces moules en plein feu, on les fit rougir; tous éclatèrent.

— Mais peut-être, me dit le chérif, ont-ils éclaté ainsi parce qu'ils sont vides?

— Mais pour la fonte des métaux, lui dis-je, ils

doivent toujours subir cette épreuve. S'ils éclataient pendant le coulage, sans compter le danger que courraient les fondeurs, ce serait une perte de temps et de matière. Donc, avant de commencer notre travail, nous nous assurerons, s'il te plaît, des récipients qui doivent nous servir.

— *Subhen Allah!* s'écria le chérif, je suis fâché de cela ; j'ai cru gagner du temps en en faisant faire une cinquantaine.

— Oh! lui dis-je, ce temps sera bien vite rattrapé, et, en rentrant chez moi je vais m'occuper d'en faire confectionner qui, je l'espère, seront plus solides, et, dans le courant de la semaine prochaine, nous nous mettrons sérieusement à l'œuvre.

— Pourquoi pas plus tôt?

— Parce qu'une des conditions de leur solidité est u'ils sèchent à l'ombre.

— Bien... Et ma pendule?

— Je n'ai pas encore eu le temps de m'en occuper, puis je crains de ne pas avoir tous les instruments nécessaires pour la mettre en état, attendu que je ne suis pas venu dans l'Yémen dans le but de faire des horloges.

— Alors tu la démonteras?

— Certainement.

— Mais, après l'avoir démontée, pourras-tu la remonter?

— Je l'espère.

— Serai-je là?

— Si tu veux.

— Je serais bien aise de voir le mécanisme d'une pendule et de m'en rendre compte, si c'est possible.

— Tu t'en rendras parfaitement compte.

— Et quand la démonteras-tu?

— Quand tu voudras.

— Ce soir?

— A la lumière, c'est difficile.

— Demain matin, donc?

Ainsi était Husseïn, curieux comme un enfant et comme un sauvage.

— Veux-tu que je la fasse apporter ici? lui demandai-je.

— Non, dit-il, j'irai chez toi immédiatement après le *fec'jer*.

Le fec'jer est la prière du matin comme le *magh'reb* est la prière du soir.

L'heure de la sieste était arrivée. Le chérif prit congé de moi. Yachya resta près du chérif. Mais il m'avait fait un signe de l'œil qui signifiait qu'il avait quelque chose à me dire. Il en résulta que je ne pressai pas trop le pas de mon cheval. Effectivement, au bout de quelques minutes, je fus rejoint par l'Indien, qui m'emmena chez lui. En arrivant, on nous offrit des pipes et du café. Chez le chérif, on offrait du café, mais pas de pipes. En général, les chérifs, les imams, les cadis, les muftis, les ulémas, enfin tous les hommes occupant une position élevée ou se rattachant au culte religieux, ne fument pas. Les Turcs font exception quant aux dignitaires.

Ces pipes et ce café nous étaient apportés par des nègres. Il me conduisit dans le postan. Là, quand nous fûmes bien seuls :

— Tu as eu tort, me dit-il, de rendre de l'argent

au chérif. C'est une chose qui ne se fait jamais et qu'il eût pu prendre pour une insulte. Quant au barrage du détroit, tu as eu raison. Je suis de ton avis, et le soutiendrai au besoin.

Probablement l'Indien du chérif Husseïn était un peu anglais. Les pipes fumées, le café bu, Yachya me fit voir ses magasins ou plutôt ceux de l'émir. Mes marchandises étaient déjà casées. Tout en me faisant des compliments sur le choix de chacune d'elles, il me demandait, avec assez d'adresse pour que je ne pusse pas me blesser de la question, les prix auxquels j'avais traité. Il trouva que je les avais payées un peu cher.

— Si j'eusse été chargé de leur emplette, me dit-il, j'aurais fait une économie plus grande.

— C'est-à-dire un bénéfice plus grand, lui répondis-je.

Nous revînmes chez lui, et je vis que Yachya cherchait à entrer avec moi dans une certaine intimité par toutes les offres obligeantes qu'il me fit, mettant sa maison et tout ce qu'il possédait à ma disposition, de manière à me forcer à mon tour de l'inviter à venir me voir. Il me donna bon nombre de conseils excellents au fond, et relatifs à la ligne de conduite que je devais tenir vis-à-vis du chérif Husseïn, et entre autres celui de ne pas manquer de le voir chaque jour, sans attendre qu'il m'appelât, et de lui exprimer dans l'intimité mes moindres désirs, le chérif aimant qu'on eût confiance en lui. C'était le meilleur moyen, disait Yachya, de *souder* une intimité entre le chérif et moi.

Je le remerciai de ses bons conseils, et me retirai, me demandant à moi-même si je devais être satisfait ou m'inquiéter de ces ouvertures inattendues de la part d'un homme que je savais être, avec Mansour, le confident le plus intime du chérif.

En rentrant, j'appris par Hadji-Soliman que les femmes du chérif, conduites par deux eunuques, étaient venues visiter mon domicile.

Il ne me l'eût pas dit que je m'en fusse aperçu, tout ayant été mis sens dessus dessous par ces dames.

XII

Ceux qui ont parlé des femmes arabes ont presque toujours confondu l'esclave avec la maîtresse, la fellâh avec la femme distinguée. Puis il faut encore faire une distinction entre les femmes des villes et les femmes du désert.

La femme esclave, enlevée jeune de son pays, le Darfour, le Bournou, le Mandara, le Congo, le Zanguébar, l'Abyssinie, est presque toujours négresse ou cuivrée. A quelque religion qu'elle appartienne, païenne, cophte, jacobite, aussitôt vendue à un marchand musulman elle devient musulmane. C'est une des lois du Coran. Il y a une exception en faveur de la chrétienne et de la Juive, qui adorent le même Dieu que les musulmans.

Enlevées dès leur enfance, soit par la conquête, soit

par la cupidité des chefs, soit par la vente qu'en font les parents eux-mêmes, les esclaves voient se rompre, avant même de connaître leur valeur, tous les liens de parenté. Elles ne reçoivent aucune éducation. C'est, non pas la femme, mais l'animal féminin dans l'état de nature. Elles sont divisées en plusieurs classes : les belles et les laides, les vieilles et les jeunes ; les malades de corps ou d'esprit sont le rebut.

On leur fait faire d'abord, à pied et par caravanes, des trajets immenses; ainsi du Darfour au Caire, 400 lieues; du Bournou à la Mecque, 600 lieues; du Mandara à Tripoli, 350 lieues. Celles qui viennent de l'Abyssinie, du Congo et du Zanguébar à la Mecque vont par mer. On sait comment sont entassées les esclaves dans les cales des navires.

Tant qu'elles sont entre les mains du *djellab*, quel que soit leur âge, elles n'ont pour vêtements que les chiffons qui peuvent leur tomber sous la main. Arrivées au marché, le djellab leur donne un morceau de calicot écru de deux à trois mètres avec lequel ellesse font un pagne.

Le temps qu'elles restent entre les mains du djellab dépend en général de leur beauté. Les moins jolies sont achetées pour devenir nourrices, bonnes d'enfants, cuisinières, femmes de ménage, travailleuses enfin. Les belles valent une centaine de talaris (quatre à cinq cents francs). Les autres valent seulement de trente à cinquante talaris.

Comme elle a été constamment malheureuse, les instincts de la nouvelle esclave se développeront selon les bons ou mauvais traitements qu'elle éprouvera. Maltraitée, elle restera rétive, entêtée, infidèle. Bien traitée, elle deviendra femme, elle deviendra mère, elle acquerra par l'instinct les qualités que donne l'éducation.

Dans une question toute physiologique comme celle-ci, on comprend qu'on ne peut rien délimiter. Voilà pour l'esclave négresse ou cuivrée.

La fellâh, — on appele *fellâh* la femme du cultivateur, la paysanne, — est élevée dans la famille, on lui apprend tant bien que mal à faire une tunique et un pilaw, à moudre du blé et à faire du pain. On joint à cela des conseils sur la soumission qu'elle doit à son mari, on lui apprend la prière, les ablutions religieuses, et l'éducation est terminée. Dès lors elle attend le mari.

Comme chez tous les musulmans, le mariage se fait par entremetteur ou entremetteuse, mais les fiancés ne peuvent se voir, nous ne disons pas qu'ils ne se voient pas. Ils font au contraire, tout en affectant une extrême réserve, tout ce qu'ils peuvent pour se voir. S'ils y parviennent ce sera au puits ou à la rivière. Voyez le rôle que jouent les puits dans la Bible.

Les conventions du mariage sont excessivement simples. Aucune femme n'y assiste jamais. Elles se débattent devant le cadi entre le mari, ses parents mâles et les parents mâles de la future. Ces conventions arrêtées, le cadi en dresse un acte. C'est le contrat de mariage. Deux témoins posent le cachet avec le cadi. L'acte de mariage est déposé entre les mains du mari. La femme reçoit un douaire, dont les parents perçoivent la plus grande partie possible. On pourrait à la rigueur dire que le fellâh vend sa fille. Ce douaire consiste en argent, en bijoux, en vêtements, en troupeaux, en meubles.

La femme qui n'a pas été vue du mari lui plaît ou ne lui plaît pas quand il la voit. Si elle ne lui plaît pas, il peut la renvoyer avec la moitié de son douaire. Une fois mariée et acceptée par le mari, la femme est confisquée. Le mari va à ses affaires, la femme soigne la maison, ses enfants, ses chameaux, ses buffles. Elle file la laine et tisse ses étoffes. Elle peut avoir jusqu'à trois compagnes légitimes. Ces quatre femmes légitimes se traitent de sœurs. Chez les fellâhs, il y a parfois jalousie entre les femmes. Lorsque ces jalousies prennent un caractère de gravité, le mari y met le holà, mais il les frappe à peine qu'elles jettent des cris à ameuter tout le village. Ces quatre femmes vivent ordinairement ensemble. La plus âgée a la direction des plus jeunes. Lorsque les femmes sortent avec le mari, elles marchent une à une, la plus âgée la première, ainsi de suite.

L'enfant, qu'il soit d'une esclave ou d'une femme

légitime, est égal en droits. Seulement, le père, s'il occupe une position, a le droit de choisir son successeur; s'il meurt sans avoir fait son choix, ce sera l'aîné qui lui succédera. Dans le partage des biens du défunt, les filles n'ont qu'une demi-part. Cette inégalité apparente se compense par la dot que les femmes reçoivent et que les hommes donnent. La fellâh, comme intelligence et comme condition sociale, est d'un degré plus élevé que l'esclave.

Voilà pour la fellâh.

La femme noble reçoit à sa naissance un signe quelconque qui constate son identité et la fait reconnaître de tous les membres de sa famille. Elle est nourrie, emmaillotée et bercée comme l'enfant européen. En sortant du maillot, au lieu de rester nue comme la négresse ou la fellâh, on l'habille de petits vêtements en soie ou en cachemire brodés d'or, on la couvre d'amulettes, on lui teint les mains, les pieds et les yeux, on la parfume, lui pose des mouches, et on la baigne très-souvent. Dès l'enfance, elle a plusieurs esclaves qui la soignent. Son éducation se borne à sa langue et à des prières. On lui apprend à jouer d'une espèce de mandoline, à chanter des chansons d'amour, on lui raconte les *Mille et une Nuits*. On évite de lui apprendre à lire, pour ne pas donner une trop grande pâture à l'imagination. On lui inculque ses devoirs à venir. A l'âge nubile, elle est sequestrée ; il n'y a plus en hommes que son père et ses frères qui la voient ; mariée, il n'y a plus que le mari.

Le mariage se fait comme pour la fellâh. Seulement la dot est plus considérable, les cadeaux sont plus riches, les aumônes plus splendides, les fêtes plus bruyantes. Une fois mariée, elle est confisquée. Là commencent ses intrigues, si elle est de caractère à avoir des intrigues. Elle séduit une négresse, qui porte ses *mouchmoûn* (bouquets parlants), et qui arrange pour elle ses rendez-vous. Ses rendez-vous sont presque toujours avec des hommes à qui elle n'a jamais parlé, qu'elle a vus passer, qu'elle a suivis des yeux à travers les grilles de ses moucharabies, et dont elle va risquer la vie tout en exposant la sienne.

Voir dans les *Mille et une Nuits* les femmes arabes

qui cachent leurs amants dans des coffres ou dans des souterrains. L'immuable Orient n'a pas changé depuis le calife Haroûn-al-Raschid. Mais, il faut le dire, ces sortes d'événements sont rares; les femmes mariées qui trompent leurs maris sont une exception. Cela ne se rencontre que dans les plus hautes classes.

Voilà pour la femme noble.

Nous voici arrivé à la femme du désert. Celle-ci est la vraie femme. Sa jeunesse est complétement libre. Jeunes ou nubiles, elles n'ont pour vêtement qu'un fichu posé sur l'épaule droite ou gauche. Elles luttent contre toutes les intempéries des saisons, contre toutes les fatigues des marches. Elles voyagent à pied, à cheval, à dromadaire; quelquefois, quand elles ont des enfants, dans des *atouches* (palanquins).

Leur main appartient à leur père, mais elles n'attendent pas que leur père en dispose. Quelque intrigue amoureuse, souvent sanglante, précède le mariage. La femme veut connaître son futur mari; elle veut qu'il soit beau, jeune, brave. Elle lui donne une tresse de ses cheveux qu'il porte à sa lance. S'il y a deux prétendants, il y a combat, mais sans règle de combat. Assassine qui peut. L'enlèvement de la fille est un coup d'adresse, et la fille se prête presque toujours à cet enlèvement. Le cavalier passe au galop avec son cheval, la jeune fille est prévenue de son passage, elle l'attend. Lui, en passant, la soulève dans ses bras, la pose sur les arçons de la selle, tire un coup de fusil en l'air en signe de victoire, et lâche la bride à son cheval. La femme jette des cris, mais pour faire croire qu'on l'enlève malgré elle. Le lendemain, elle est la femme du ravisseur et la protégée de toute la tribu. Alors se traitent les conditions du mariage. Si l'on ne s'entend point, on se bat. C'est en petit l'histoire d'Hélène. Celui à qui l'on a enlevé sa fiancée fait tout son possible, non pas pour la reprendre, comme Ménélas, mais pour se venger. Il assassine, s'il peut, l'inconstante, de près d'un coup de poignard, de loin d'un coup de fusil.

Mariée, cette femme-là, c'est la vraie femme, la femme qui suit son mari à la guerre, à la chasse, qui confectionne ses vêtements, qui soigne ses armes, ses chevaux, la famille. C'est, dans les classes inférieures, la femme qui, une outre sur le dos, va au milieu du combat et donne à boire aux combattants, amis ou ennemis; la femme qui ramasse les blessés et les panse. Dans les classes élevées du moyen âge, c'est la femme du tournoi, la femme qui a civilisé l'Espagne, la femme qui est la fée des Alhambra et des Alcazar.

Chez les Wahabytes et les Anèzes, c'est de plus la déesse de la paix. Quand ils désirent une trêve, ils prennent la plus belle fille de la tribu, lui mettent une palme dans une main, un pigeon dans l'autre, la font monter sur un dromadaire blanc, et la lancent dans les rangs ennemis, qui, à cette apparition, cessent immédiatement le feu. L'ennemi, à son tour, envoie le plus beau cavalier de la tribu au devant de la parlementaire. Il reçoit la communication et la rapporte à sa tribu. La jeune fille connaît l'ultimatum; elle sait ce qu'elle a à demander, les concessions qu'elle peut faire. Le jeune homme est autorisé à entrer en pourparlers avec elle ou chargé de rejeter les ouvertures. Quand les propositions sont acceptées, elle lâche sa colombe. A la vue de l'oiseau qui prend son vol, les deux tribus se rapprochent ; les notables s'abouchent, posent les préliminaires de la paix. La jeune fille remet la palme au jeune homme, et devient sa fiancée.

Vous le voyez, c'est tout un poëme.

Il est extrêmement rare que la femme nomade soit infidèle à son mari. La femme nomade est le conseiller, le soutien, le mentor de son mari. Le mari ne fait rien sans la consulter.

Beaucoup d'Arabes nomades n'ont qu'une femme.

Certaines tribus, comme une ruche d'abeilles, ont une reine ; reine non proclamée, mais reine de fait, dont la voix est un oracle. C'est presque toujours une vieille femme. Ici, vous le voyez, elle est bien femme, puisque l'intelligence survit à la jeunesse et à la beauté.

Le sultan de Tuggurt ne faisait rien sans consulter sa mère, qu'on appelait Lella-Aïchoucha (princesse Aïchoucha). Un criminel qui parvenait à s'évader et à atteindre le seuil de sa porte était sauvé.

Lorsque j'étais à Tuggurt, un domestique des îles Kerkenna me vola un cheval. Le sultan Abd'el-Rahman-ben-Djellab fit courir ses esclaves après lui. On le suivit à la piste sur le sable, on le rejoignit au point du jour. Une lutte s'ensuivit, dans laquelle il perdit une oreille et fut pris. Garrotté, il fut placé en travers sur un cheval. On le ramenait prisonnier, et sa tête allait certainement suivre son oreille, lorsqu'en longeant la maison de Lella-Aïchoucha, il eut l'intelligence de se laisser tomber sous le vestibule. Le vestibule était lieu d'asile; il fut sauvé. Cela se passait en 1851. Depuis, Lella-Aïchoucha a été assassinée par son neveu.

Mais revenons à mon ami le chérif Husseïn, dont les femmes étaient venues visiter les curiosités de mon domicile pendant mon absence.

Aussitôt la prière dite, je le vis entrer chez moi. Il venait voir démonter sa pendule. Après les compliments d'usage, je commençai l'opération. J'avais réuni tous mes petits instruments, étaux, tournevis, limes. Au bout d'un quart d'heure, tous les rouages étaient étalés sur l'établi.

La spirale, c'est-à-dire le petit ressort qui sert de régulateur à l'échappement, était brisée. Je fis voir au chérif les morceaux du ressort et par conséquent la blessure de la pendule. Je n'avais pas de spirale; je dis donc à Husseïn qu'il me serait bien difficile de faire marcher sa pendule. Il tenait énormément à ce qu'elle marchât. Il m'offrait du fer-blanc. Je lui fis comprendre, en roulant du fer-blanc entre mes doigts, que le fer-blanc roulé ne se redressait pas, et par conséquent manquait d'élasticité. Il était au désespoir. Je cherchai dans ma boîte à outils. Cette boîte à outils était l'objet de la curiosité générale.

C'était un coffre d'un pied carré à peu près, tout garni de fer, se soulevant sur des charnières de fer. Comme il renfermait toutes sortes d'outils, il était très-pesant, et chacun disait que c'était mon trésor. Or, ce trésor était à la merci de tout le monde. Plus d'une fois le chérif Husseïn avait fait allusion à ce coffre, et m'avait donné les avis les plus paternels à son endroit. Il m'avait même engagé à le déposer chez lui, ignorant ce qu'il contenait. Comme tout le monde, il croyait à un trésor.

Quand il le vit apporter, il ouvrit de grands yeux. Il allait donc savoir ce qu'il y avait dans le fameux coffre. Il y avait des outils de toute espèce. J'eus le bonheur de trouver un vieux ressort de montre, trop fort pour l'usage que j'en voulais faire. Je le détrempai à l'aide d'une lampe à esprit-de-vin, je le coupai avec des ciseaux, et je le diminuai à la lime jusqu'à ce qu'il fût arrivé au degré de force des morceaux survivants de l'ancienne spirale. Puis, je le retrempai, lui fis prendre sa place, en donnant au chérif l'explication de son utilité, puis je remontai la pendule pièce par pièce. Le tout avait pris à peu près deux heures.

Maintenant il voulait la voir marcher. Les aiguilles firent le tour du cadran jusqu'à ce qu'elles marquassent l'heure, et, après avoir donné à l'aide de la clef le nombre de tours voulus, la pendule marcha. La sonnerie et le mouvement des aiguilles marchant toutes seules firent sur le chérif un effet merveilleux. Il y avait dix ans que la pendule n'avait ni sonné, ni marché.

— Décidément, dit-il, tu es un *osta*, tu es un *mohendis !*

Ce qui, traduit en français, voulait dire :

— Tu es un maître, tu es un vrai savant !

En conséquence, il voulut emporter son horloge. Alors je lui expliquai qu'elle n'était encore qu'en convalescence, et qu'elle avait besoin de quelques jours encore de mon régime pour aller bien tout à fait. Il insista pour l'emporter ; je cédai en promettant de lui donner des soins à domicile.

La grande insistance pour la possession de la pendule venait du désir de faire voir à ses frères quelle précieuse acquisition il avait faite en moi. Ce fut pour toute la soirée l'objet d'une longue conférence entre lui et ses frères. En me quittant, il me dit :

— J'ai encore bien autre chose à te donner à arranger ; viens chez moi, et je te ferai voir tout cela.

Il n'y avait pas à reculer. Nous partîmes, le chérif et moi à cheval, Yachya sur son âne et portant l'horloge. Les esclaves nous suivaient à pied. Nous arrivâmes à la citadelle et nous montâmes à sa chambre. Il donna immédiatement des ordres. Les esclaves partirent comme une volée d'oiseaux. Les premiers qui rentrèrent apportaient le café. Les autres apportaient, qui un tourne-broche, qui des serinettes, qui des orgues de Barbarie, qui des ombres chinoises, qui des musiques de la Chaux-de-Fonds, enfin une bascule, enfin tout un bazar.

Le tourne-broche, qu'il avait reçu en cadeau d'un capitaine de navire, représentait pour lui une machine complètement inconnue. Il avait cependant une certaine idée de ce que cela pouvait être. Il prenait la broche pour un pal, et la mécanique pour une horloge dont le cadran aurait été égaré. Je lui dis que j'emporterais la machine chez moi, et que je la lui montrerais en fonction.

— Je t'enverrai non-seulement cela, dit-il, mais tout le reste. Je veux que tu me fasses marcher tout cela.

Après le tourne-broche, la machine qui l'inquiétait était la bascule. Il la prenait pour une potence perfectionnée. Tout cela prit le chemin de ma forteresse. J'oubliais : il y avait aussi une lampe carcel. Il l'avait chargée jusqu'à la gueule avec du beurre, de l'huile, du suif, et enfin avec une bougie. La carcel était rabaissée au rang de chandelier ; seulement elle était bien plus incommode qu'un chandelier ordinaire. Celui qui avait donné la lampe avait aussi donné douze ou quinze douzaines de mèches ; mais il avait oublié d'en indiquer l'emploi.

Je jetai plus particulièrement mon dévolu sur le tourne-broche, sur la bascule et sur la lampe.

— Mais, lui dis-je, ces objets emportés, tu dois avoir bien autre chose ?

— Oui, dit-il, et tu vas m'être bien utile. Viens avec moi.

Je le suivis. Il me fit entrer dans une chambre qui était une véritable exposition des produits de l'industrie de l'Europe. Il y avait des fusils de Lepage, des fusils Le Faucheux, des fusils Gosset, des pistolets de Versailles et de Londres, des porcelaines de Sèvres et de Chine, des verres de Venise, des boîtes à liqueurs pour des gens qui ne boivent pas de liqueurs; des fourchettes et des cuillers, pour des gens qui mangent avec leurs doigts; des services de Saxe et de Bohême, des nappes et des serviettes pour des gens qui ont pour table un paillasson; plus, dix-huit cents exemplaires du Coran saisis sur un bâtiment anglais qui comptait en faire le commerce dans la mer Rouge; deux ou trois cents exemplaires de la Bible, en anglais et en arabe; que sais-je encore!

Je commençai à mettre les fusils et les pistolets à part. Ils étaient à piston et à bascule. L'émir n'avait jamais pu s'en servir, n'ayant ni cartouches ni capsules. Je ne pouvais faire ni cartouches ni capsules, les cheminées en cuivre me manquant; mais, en prenant les calibres, je pouvais faire venir tout cela d'Europe. Puis, je me retournai vers le reste de la boutique.

— Mais que fais-tu de tout cela? lui dis-je.

— Rien, tu vois bien. Que veux-tu que j'en fasse?

— Un musée.

— Qu'est-ce que c'est que cela un musée?

Je lui expliquai ce que c'était.

— Eh bien, je vais t'envoyer tout cela, tu en feras un musée, toi!

Je fus effrayé. J'en aurais eu pour un mois, rien qu'à mettre chaque chose à sa place. Cependant j'avisai une petite tente, une tente du Bazar du voyage, une tente de Godillot. Il l'avait bien reconnue pour une tente, mais n'avait jamais pu la faire monter. Je pris la tente.

Il y avait des glaces, des vases avec des fleurs artificielles, du corail, des grains d'ambre, des aiguilles à coudre, des cadenas, tout jusqu'à des cornes à mettre les souliers; le tout par douzaines. Dans un coin, je découvris six fontaines à filtre. Je jetai un cri de joie.

— Qu'y a-t-il? me demanda Husseïn.

— Des fontaines à filtre! lui dis-je.

— Qu'est-ce que des fontaines à filtre?

— Tu verras! Fais-en porter une dans la salle à manger, et surtout une chez moi.

— Mais j'ai des gargoulettes, me dit-il.

— Fais toujours porter les deux fontaines où je te dis.

Husseïn appela ses esclaves ; il fit porter chez moi tout ce que je lui indiquais, paraissant profondément peiné que je refusasse le reste.

— J'en ai encore trois chambres pleines comme celle-ci, me dit-il.

Je découvris en outre trois caisses de bougies de l'Étoile. Le chérif connaissait parfaitement l'usage de ces bougies ; seulement, les croyant faites avec de la graisse de porc, il refusait de les brûler. Je fis ce que je pus pour le faire revenir de cette erreur. Ce fut chose impossible. Puis, sur un rayon, j'aperçus environ deux cents bocaux de fruits à l'eau-de-vie.

Pour le coup, je demandai à Husseïn quel était le païen qui avait osé faire cadeau, à un homme aussi connu que lui pour sa dévotion, de deux cents bocaux de cerises, de pêches, de chinois et de prunes à l'eau-de-vie. C'était lui qui les avait commandés.

Un commis-voyageur américain faisant commerce

dans les toiles et les eaux-de-vie, après lui avoir vendu trois ou quatre mille mètres de toile, lui avait offert des *fruits confits*. Husseïn avait cru que ces fruits étaient confits dans le sucre (il aimait beaucoup les fruits confits dans le sucre) ; il avait répondu oui et fait sa commande.

Vous savez le résultat. C'eût été à mourir de rire, si un musulman riait jamais.

Il avait aussi des tapisseries superbes, mais il n'avait pas de tapissiers.

En attendant, les rats et les vers mangeaient tout cela. En outre, comme on n'entrait jamais dans ces chambres, elles étaient habitées par des scorpions, des mille-pieds, des salamandres, et cette espèce inoffensive de serpents qui recherche le voisinage de l'homme.

La famille du chérif Husseïn en avait à peu près autant. Je dus passer la revue de tous ces caravansérails. Le chérif d'Hodéïda avait un billard, avec billes, queues à procédés, queues ordinaires, blanc et bleu. Il n'y manquait qu'une chose, c'était le tapis, qui avait été complétement mangé par les rats.

Le fils du chérif Husseïn avait une flûte en ébène, montée en argent, et un polichinelle qu'il prenait pour un fétiche indien.

Le chérif Hammoud avait un violon sans cordes et un fusil à vent sans vent.

Le chérif Hasçan avait une paire de patins. Des patins, sous le 16e degré de latitude !

En somme, il y avait dans tout cela pour plus de six cent mille francs de cadeaux.

J'avoue que ce fut pour moi une journée originale. En dépit du chérif Husseïn et de tous les chérifs du monde, je me rappelai que j'étais Français, et je ris tout à mon aise. De temps en temps j'étais rappelé à la gravité musulmane par les visages sérieux de Husseïn et de Yachya.

Il y avait en outre des quantités de caisses de chocolat et de dragées, mais les caisses étaient vides.

Le chérif aimait énormément les dragées et le chocolat. Bon nombre de cadeaux avaient été faits de bonne foi, mais il y en avait bien quelques-uns aussi qui l'avaient été par malice.

Je rentrai chez moi très-tard, et la rate tout à fait désopilée. Mon inspection m'avait pris les trois quarts de la journée.

Le premier objet que je comptais utiliser était le tourne-broche. Je cherchai un endroit où je pusse faire établir une cheminée. Ce n'était pas difficile à trouver dans ma forteresse. J'avais des maçons sous la main : en deux jours, sur le modèle que je donnai la cheminée fut faite, et le tourne-broche monté.

J'oublie de dire qu'avant de quitter la forteresse du chérif, j'avais débarrassé Yachya de son horloge. Je voulais la placer à une hauteur de six ou sept pieds, mais Husseïn voulut absolument l'avoir à la portée de sa main. Je fis selon son désir.

En cinq heures elle avait avancé de trois.

Le lendemain, le chérif Husseïn m'envoya la pendule. Il était sept heures du matin, elle marquait minuit. On aurait pu croire qu'elle ne retardait que de cinq heures. Point! elle avançait de treize.

Je répondis que je savais parfaitement qu'elle devait

agir ainsi, et que c'était pour cela que j'avais voulu la garder.

Et je commençai l'opération du règlement de la pendule du chérif Husseïn.

XIII

Ma position avait un côté grotesque qui ne me laissait pas tout à fait sans inquiétude.

Je n'étais précisément pas venu dans l'Yémen pour raccommoder des pendules, monter des tourne-broches et faire aller des serinettes.

Il est vrai que j'allais avoir une bien autre besogne!

J'avais fait dans la journée mes visites habituelles au chérif, mais je n'avais pas trouvé en lui la gaieté de la veille. En outre, il m'avait semblé qu'il avait quelque chose à me communiquer. Une ou deux fois, la chose, quelle qu'elle fût, était venue jusque sur ses lèvres, mais toujours il avait retenu la confidence prête à se faire jour.

Le soir, après la prière, après le souper, je vis entrer Hadji-Soliman. Il m'annonçait Yachya. Je pensai tout naturellement que c'était le secret du chérif qui s'était fait homme et qui m'arrivait; je le reçus avec toutes les politesses que j'avais l'habitude de faire aux messagers de l'émir. Le café fut apporté à l'instant par Sélim. Yachya s'accroupit près de moi et nous restâmes seuls. Il paraissait tout aussi embarrassé le soir que Husseïn l'avait été le matin. Après avoir parlé de choses indifférentes, il aborda la question.

Depuis qu'il était arrivé, il n'avait pas cessé de faire l'éloge du chérif, de son courage, de son grand cœur, de sa générosité, de ses exploits passés. A l'entendre, il me portait le plus grand intérêt, et n'attendait qu'une occasion de faire pour moi quelque grande chose qui réalisât mes désirs. Puis il me parla de la famille, comme s'il eût été chargé de m'en faire la biographie. Ne pas confondre biographie avec apologie. Je renchérissais sur tout ce qu'il me disait, et ce n'était pas chose difficile. Je n'avais qu'à me louer du chérif, et il avait été avec moi d'une libéralité qui allait jusqu'à la prodigalité. Quant à la famille, je m'excusais sur ce que, la connaissant moins et n'ayant point affaire à elle, je n'avais pas sur son compte d'opinion bien arrêtée.

Ce n'était évidemment pas tout cela qu'il avait à me dire, mais comme un musulman ne doit jamais montrer d'impatience, j'écoutais avec le calme de la résignation.

Enfin, au moment du départ, il me dit tout bas à l'oreille, et comme si sans cette précaution quelqu'un pouvait nous entendre :

— Le chérif m'a chargé de te demander un conseil?

— A moi?

— Oui.

— Je suis un trop humble serviteur du chérif pour me permettre de le lui donner.

— Alors tu refuserais?

— Le chérif est mon seigneur, il peut ordonner.

— Le chérif est malade.

J'avoue qu'à cette ouverture je me sentis frissonner de la tête aux pieds. J'avais quelques notions de médecine, mais je n'avais pas une assez grande confiance en moi pour entreprendre résolûment la cure du premier personnage du pays.

— Malade? répétai-je. Je l'ai vu aujourd'hui et il ne m'a rien dit de cette maladie.

— Il n'a pas osé.

— Comment il n'a pas osé?

Ma crainte redoubla. En Orient, la médecine a contre elle tous les désavantages qu'elle a dans les autres pays; elle a de plus les préjugés. Il y a toujours à craindre que le malade ne suive pas les prescriptions du docteur, ou que quelque charlatan, quelque fanatique, quelque derviche, quelque sorcière, ne substitue une drogue de sa pharmacie à la vôtre.

Le malade continue d'être malade, guérit ou meurt.

S'il continue d'être malade, c'est la faute du médecin.

S'il guérit, son heure n'était pas venue.

S'il meurt, le médecin l'a empoisonné.

Il est vrai que le chérif Husseïn ne m'avait pas paru disposé à mourir. Je rappelai tout mon courage.

— Voyons, dis-je à Yachya, qu'a-t-il ?

Yachya s'expliqua.

Le chérif digérait mal depuis quelque temps.

Cela me soulagea beaucoup.

— N'est-ce que cela ? m'écriai-je.

Yachya me regarda.

— Comment, n'est-ce que cela ?

En effet, il me venait une crainte. Ces gens d'Orient ne disent jamais qu'à demi, qu'au quart ce qu'ils ont à dire. Il faut deviner tout ce qu'ils taisent, et d'habitude ils taisent toujours le plus important.

— Hé bien ! lui demandai-je, après ?

— Il demande que tu le soulages.

— Il faut que je le voie.

Yachya sortit. Au bout de dix minutes, Sélim m'annonça le signal. Immédiatement je pris le chemin de la forteresse, disant à Sélim de m'amener mon cheval pour le retour.

Je trouvai le chérif couché sur son sirir, et paraissant souffrir beaucoup. Yachya était près de lui.

— Me voilà, seigneur, lui dis-je.

Il me tendit la main. Je gardai la main dans la mienne : elle était brûlante ; le pouls était intermittent. Il y avait pléthore.

— Depuis quand as-tu cessé de bien digérer? lui demandai-je sans sourciller.

— Depuis deux ou trois jours.

— Hé bien! pour recommencer à digérer bien, tu vas jusqu'à nouvel ordre te résigner à ne plus digérer du tout.

— Comment cela? dit Husseïn avec une sorte d'épouvante.

— Quelques jours de diète absolue, des bains, des frictions sur l'épigastre, et cinq ou six pincées d'aloès, il n'en faudra pas davantage pour te guérir.

Le chérif suivit mon ordonnance, non sans regret, et au bout de très-peu de jours il digérait de nouveau, infiniment mieux qu'aucun de ses sujets.

La cure me fit la plus grande renommée près de

ses frères, près de ses parents, près de tout le monde. Je vis bientôt les effets de cette renommée.

— Hadji, me dit un matin le chérif, une de mes femmes est malade ; il faut que tu la guérisses comme moi.

Ce fut un bien autre frisson que le premier. Quelques détails en feront comprendre la cause.

Prenons pour type le harem du chérif Husseïn.

Tout musulman, nous l'avons dit, a droit à quatre femmes légitimes et à autant de concubines qu'il en peut nourrir. L'Orient, on le voit, n'a pas beaucoup changé depuis le roi Salomon. Le divorce lui donne la faculté de renouveler à discrétion ses quatre femmes légitimes. Au reste, ce divorce, si commun chez les gens vulgaires, est très-rare chez les nobles, et ne s'opère que dans des circonstances de la plus haute gravité.

Le musulman qui a quatre femmes et un nombre plus ou moins grand de concubines a deux harems séparés. Il y a plus, si les quatre femmes légitimes ne s'entendent pas entre elles, il arrive qu'il leur donne à chacune son harem.

La vie des femmes et des concubines est exactement la même. Seulement le mari est engagé envers les femmes, tandis que le maître ne l'est pas envers les concubines.

Un article du Coran dit ceci :

« O croyants ! il ne vous est pas permis de vous constituer héritier de vos femmes contre leur gré, ni de les empêcher de se marier afin de leur ravir une partie de ce que vous leur avez donné, à moins qu'elles ne soient coupables d'un crime manifeste. Soyez honnêtes dans vos procédés à leur égard. » (Chap. IV, v. 23.)

La femme qui croit sous ce rapport avoir à se plaindre, se plaint d'abord à ses parents, puis, si cela ne suffit pas, se plaint au cadi, qui prononce le divorce. Cependant la femme a plus de peine à divorcer que l'homme. L'homme n'a qu'à dire ces paroles devant deux témoins ou le cadi :

— Je te répudie !

Il est vrai qu'il ne prononce presque jamais ces paroles que dans un moment de colère.

Revenons à l'intérieur des harems.

Nous avons dit que la vie des femmes légitimes et celle des concubines était exactement la même.

Disons de quoi se compose cette vie.

Les femmes ont leur costume de nuit et leur costume de jour. Elles couchent tout habillées sur des divans ou des tapis. Lorsqu'elles sont en bonne intelligence, elles couchent généralement dans le même appartement. Quant aux concubines, quand elles sont en trop grand nombre, on les divise. En même temps que le jour, elles se lèvent. De même, presque en même temps que lui, elles se couchent. A peine levées, elles reçoivent les ordres de l'aînée des femmes, de la Validé. Celle-ci a presque toujours son appartement séparé des autres. Ces ordres de la Validé, hâtons-nous de le dire, sont toujours pleins de convenance.

La Validé légitime ne commande qu'aux femmes légitimes et aux esclaves de sa section. Les concubines ont leur Validé comme les femmes légitimes, et de plus la favorite. Quelquefois la Validé et la favorite sont la même femme.

La Validé des concubines a ses esclaves auxquelles elle commande de son côté. Les unes alors s'occupent de la nourriture de la journée. Cette nourriture se compose en général de riz, de viande de mouton bouilli ou rôti, de viandes en sauces sucrées, où les corps gras sont prodigués d'une manière superflue, de légumes et de concombres en quantité, de pâtisseries de toute sorte, de crêmes à la rose, à la fleur d'oranger; de fruits : oranges, raisins, grenades, pêches, melons excellents; de confitures de toute espèce, de dragées, d'amandes sucrées, enfin du plat de prédilection : l'*acida*.

L'acida est un gâteau de froment cuit à l'eau, sans croûte, ayant la forme d'un baba, avec un trou au milieu. Ce trou est rempli de miel blanc. On recouvre le tout de beurre ou d'huile d'olive. Les convives se placent autour, puisent avec les deux doigts dans le trou à miel et tirent à eux.

Les femmes en général sont très-gourmandes. Ce sont les esclaves qui font la cuisine. Les femmes ne s'en mêlent que pour diriger, ou en amateurs. Souvent elles se chargent cependant de certains petits plats fins destinés au mari. Seulement le mari se défie presque toujours de ces plats fins.

Les femmes parfois, à l'aide de leurs esclaves nègres, se procurent des poisons très-subtils. Ceci s'applique surtout aux femmes turques et aux femmes persanes, qui, à l'aide du poison, se débarrassent quelquefois de leur mari, souvent de leurs rivales. Seulement, lorsqu'il arrive à une femme d'empoisonner son mari, pacha, vizir, etc., elle n'est que l'instrument d'une puissance supérieure.

C'est ainsi que la fille de Méhémet-Ali empoisonna son mari le *defterdâr* (ministre d'État), le premier jour de ses noces. C'était l'ordre du pacha.

En effet, le defterdâr n'était pas un ministre commode. Il passait pour l'homme le plus cruel de l'Égypte, et en était bien certainement l'homme le plus détesté en même temps que le plus craint. Son seul ami était un lion, lion charmant pour lui, caressant comme un chat pour son maître, mais qui, sur un signe de ce maître, mettait en pièces celui qui lui était désigné.

Le pacha eut peur du defterdâr et le maria à sa fille. Le lendemain, il n'y avait plus de defterdâr, et le lion était dans l'une des cages de la citadelle du Caire.

C'est ainsi aussi qu'une des sultanes de Sélim empoisonna la favorite dans une orange, qu'elle partagea avec un couteau dont un côté de la lame était empoisonné, mangeant elle-même la partie qu'avait touchée le côté innocent de la lame. Mais revenons.

Le repas du matin terminé à neuf ou dix heures, les femmes se préoccupent de leur toilette.

En général, pour cette toilette, elles se rendent l'une à l'autre le service de femme de chambre, se nattant les cheveux et se parfumant, s'épilant, se peignant les yeux, se peignant les ongles, et se mettant des mouches mutuellement. Ce sont des enfants qui jouent à la poupée l'une avec l'autre.

Lorsque tout cela est fini, viennent le café, les chibouques, les narghilèhs, les sorbets, les cassolettes. Puis les unes se racontent des histoires; les autres regardent par les grilles de leurs moucharabies, agaçant les passants quand elles peuvent. D'autres brodent, d'autres jouent de la guzla et chantent. Ces différents divertissements sont coupés par les visites de leurs amies.

Les femmes des harems ne sont point prisonnières comme on le croit. Elles sortent quand elles veulent, mais voilées, et accompagnées d'eunuques. Remarquez que le voile n'est point une gêne, et que l'eunuque n'est point un geôlier. Le voile est une coquetterie ; l'eunuque est un défenseur.

Quand une visite arrive, on se fait des salamalecs, on s'embrasse, on bavarde, on danse. Les danses sont charmantes.

Pendant la présence des étrangères chez les femmes, la porte est interdite au mari. Les babouches sont à la porte, indiquant qu'il y a visite.

On arrive ainsi à la sieste.

Quand il y a visite, les visiteuses font souvent la sieste avec les visitées.

La sieste dure jusqu'à trois heures. Pendant ces trois heures, le silence le plus profond règne dans le palais; personne n'est visible, tout est suspendu : c'est le château de la *Belle au bois dormant*.

La prière de *l'asser* est le signal du réveil.

Tout le monde fait ses ablutions.

Après la prière, — l'ablution vient auparavant, — on dîne, les femmes chez elles, les hommes chez eux. Les enfants dînent avec les femmes, les esclaves dînent après tout le monde et mangent les restes. Les dîners sont toujours excessivement copieux ; il faut qu'il y ait de quoi manger pour les maîtres, les maîtresses, les enfants, les esclaves et les pauvres.

Le dîner fini, les visites recommencent, et la soirée se passe en musique, en danses, en chants, en jeux d'échecs, en jeu de dames. Toujours quelque histoire serpente au milieu de tout cela.

La nuit venue, les femmes à leur gré se couchent ou veillent. Celles qui se couchent dorment ou rêvent. Celles qui veillent, brodent, continuent une partie commencée, bavardent ou lisent. Celles-ci sont très-rares. Ce sont des Européennes ou des créoles.

La mère du sultan Abdul-Medjid était une créole

de la Martinique. Elle avait été prise par un corsaire et vendue au dey d'Alger, qui l'avait envoyée en présent à Mahmoud.

De même, la mère de l'imam de Mascate actuellement régnant était une créole.

L'histoire de cette créole est assez bizarre. Elle avait épousé un Anglais de la Réunion. L'Anglais voyageait pour son plaisir. Arrivé à Mascate, et ayant épuisé son argent et son crédit, il proposa à feu l'imam Séïd-Séïd de lui vendre sa femme. L'imam demanda à voir la marchandise. Il fut convenu que, si cette marchandise plaisait à l'imam, il payerait trente mille thalaris à l'époux et que la femme lui appartiendrait. Les uns disent trente mille, les autres quarante mille.

La femme alla au-devant des projets du mari. Elle exprima la curiosité de voir un harem. L'Anglais s'offrit à lui procurer ce plaisir. En effet, *il obtint* de l'imam de Mascate une permission pour sa femme. La créole entra dans le harem. Le harem se referma sur elle; on ne la revit jamais.

Le lendemain, l'Anglais partit, on ne le revit jamais non plus, à Mascate, du moins.

Un jour, dans un moment d'intimité, et comme je disais à Séïd-Séïd qu'il devait envoyer en France ses enfants pour les faire instruire, j'eus l'occasion de lui demander des nouvelles de cette créole. Elle était morte depuis 1843, et il la regrettait beaucoup. Mais n'anticipons pas déjà sur cet épisode auquel nous revenons tout au long dans nos *Mystères du Désert*[1].

Maintenant on s'apitoye en France sur le sort des femmes du harem. On a parfaitement tort. Est-ce la rivalité qui peut les rendre malheureuses? On ne sait pas en Orient ce que c'est que la rivalité à la façon dont nous l'entendons. D'ailleurs la rivalité de l'Européen devenant amoureux de toutes les femmes qu'il rencontre est bien autrement grave pour la maîtresse ou pour la femme que la rivalité du harem; chaque femme au moins connaît sa rivale.

1 Chez Dentu, éditeur, Palais-Royal

Puis la maternité les dédommage. En Orient, l'infanticide, cette plaie de notre société moderne, cette suprême et effroyable ressource des filles-mères contre le déshonneur, l'infanticide est à peu près inconnu. Enfin, là-bas, toute femme qui est mère ne peut plus être vendue. Un garçon met la favorite au-dessus de toutes les autres, et l'épouse devient sultane.

Cela posé, parlons de la malade dont Hüsseïn voulait me faire entreprendre la guérison.

J'ai dit que la chose était bien plus grave encore à l'endroit d'une des femmes du chérif qu'à l'endroit du chérif lui-même. Je lui exposai à l'instant même et sans détours la situation.

— Écoute, lui dis-je, tu me proposes une chose que, comme musulman, je ne dois pas accepter. Dispense-moi donc de cette cure.

— C'est que c'est ma plus jeune femme et celle que j'aime le mieux.

— Si tu veux absolument, je ferai ce que tu voudras; mais, encore une fois, je ne réponds de rien.

— Je vais te conduire chez elle.

Il n'y avait rien à dire à cela. Je m'inclinai.

Un eunuque fut envoyé pour prévenir la malade de se tenir prête à me recevoir.

A notre arrivée, nous la trouvâmes couchée sur un lit, un véritable lit, un lit de fer. Elle était complétement enfermée sous une moustiquaire.

La chambre n'avait qu'un demi-jour, ce qui fait qu'il était impossible de rien voir. Je fus dans la nécessité de demander de la lumière, ce qui étonna beaucoup la malade et les eunuques ; aussi hésitaient-ils. Le chérif leur donna l'ordre d'apporter des *chemâa*. C'est le nom arabe de la cire. Ils approchèrent des siéges du lit de la malade et se retirèrent.

Cette chambre, tout en conservant le luxe arabe, était meublée à l'européenne. Les divans qui régnaient tout autour de la chambre, les tapis de Perse étendus sur le plancher, protestaient contre les siéges et le lit à la française. Ce lit était placé entre quatre colonnes de granit grosses comme moi par le milieu du corps, qui, tout en formant un dais, supportaient le plafond. Entre chaque colonne il y avait des draperies d'étoffes de l'Inde extrêmement riches. Sur des étagères européennes, placées entre les fenêtres, étaient des étagères arabes supportant des porcelaines de Chine et du Japon.

Dans tous les coins de l'appartement, il y avait de petites tables en nacre de perle. Sur chacune de ces petites tables étaient placées des aiguières en cuivre avec leurs bassins. Ces aiguières sont, on le sait, d'une forme charmante. Des parfums brûlaient dans des cassolettes.

C'était non-seulement du luxe, mais de la superstition.

Les parfums neutralisent l'effet du mauvais œil; *âain* en Arabie et en Afrique, *nazar* dans l'Inde.

Les parfums qui brûlaient étaient les parfums usités en pareil cas : la myrrhe, l'encens, le benjoin, le styrax. La myrrhe sent la violette, le styrax, la rose. Les murs étaient ornés, outre les étagères, de grands éventails de plumes d'autruche. Le plafond était en bois sculpté, peint de couleurs vives, avec des incrustations en glace.

Nous étions vraiment dans l'Orient des *Mille et une Nuits*.

Maintenant, cette chambre, était-ce celle de la favorite? était-ce celle du maître? Je restai indécis pour le moment. Plus tard, je le demandai à Yachya. C'était la chambre du maître. Elle avait quatre portes découpées dans la muraille, invisibles derrière des rideaux.

L'une conduisait chez les concubines du chérif, l'autre chez ses femmes légitimes, la troisième à son trésor, et la quatrième lui servait d'issue.

Les chemâas apportés, on nous laissa seuls, ai-je dit.

Alors s'établit entre le chérif et sa femme un dialogue préparatoire dans lequel il lui disait de ne point avoir peur. C'était moi qui l'avais guéri de ses lenteurs de digestion, et j'allais probablement pouvoir en faire autant pour elle. Elle répondait à peine, et par ce léger gazouillement naturel aux femmes arabes, et qui semble plutôt le chant d'un oiseau qu'une langue humaine.

Je priai le chérif de lui demander sa main. Le chérif la lui demanda. Mais, bien que celui-ci insistât pour que cette main me fût donnée, il y eut une longue hésitation, et, quand elle se décida à la passer sous la moustiquaire, ce ne fut en réalité que le bout des doigts qu'elle me donna. Je fus obligé d'attirer le bras vers moi afin d'arriver jusqu'au pouls, ce qui lui fit jeter un petit cri, moitié d'impatience, moitié de peur. Le chérif la calma du mieux qu'il put.

Le pouls était extrêmement agité, mais il me fut impossible de faire la part de la maladie et la part de l'émotion.

Je fis quelques questions au chérif.

Il me parut évident qu'elle était atteinte d'hydropisie, ou malade d'un squirre.

Dans l'un ou l'autre cas, la maladie était mortelle, surtout avec le peu de ressources qui étaient à ma disposition. Je m'abstins de faire partager mes craintes à la femme, me réservant de dire à Husseïn ce que j'en pensais.

Cependant je demandai à voir la langue. C'était une

grande affaire. Comment me montrer la langue sans me montrer le visage? et montrer son visage c'était pour la femme du chérif plus que péché mortel.

On trouva un expédient. On fit un trou au voile, et et à travers le voile la malade fit passer sa langue. Elle était très-blanche et très-chargée. Elle me confirma dans mes craintes.

Je demandai à voir les pieds. Je m'attendais à les trouver gonflés. Ce fut une nouvelle négociation à entreprendre, mais moins difficile à mener au but que celle de la main et de la langue.

C'était bien une hydropisie arrivée au second degré.

En France, grâce à la ponction, la femme eût pu vivre encore un an ou deux, guérir même. Là-bas c'était impossible, et, sous cette latitude tropicale, elle avait à peine pour six mois d'existence.

Je me retirai avec Husseïn.

De retour chez lui, il m'interrogea. Je ne lui cachai point la position dans laquelle se trouvait sa femme; je lui dis que mes connaissances médicales et mes moyens d'action sur la maladie étaient insuffisants, et qu'il fallait tout remettre entre les mains de la Providence.

Je lui expliquai de quelle façon on eût en France traité la maladie. Je lui donnai une idée de la ponction. Mais je lui déclarai que je ne me regardais pas comme un chirurgien assez habile pour en faire usage.

— Ainsi, me demanda-t-il, il n'y a pas d'autre moyen?

— Je n'en connais pas.

— Et tu ne peux rien lui donner qui la soulage?

— Qui la soulage, si; mais qui la guérisse, non.

— Fais ce que tu pourras.

— Je te préviens que ma pharmacie est trop pauvre pour donner à ta femme un long soulagement. Il me faudrait aller à Djedda, ou tout au moins y envoyer quelqu'un de confiance.

— Tu peux disposer de Mansour, c'est le plus intelligent et le meilleur de mes serviteurs.

— Mansour partant immédiatement, ma pharmacie suffira jusqu'au moment de son retour.

— Fais une note, non-seulement de ce qu'il te faudra pour elle, mais encore de ce qu'il te faudra pour toi et pour moi.

J'écrivis à M. Serkis, établi médecin et pharmacien à Djedda, le même qui m'avait servi d'intermédiaire avec Osman-Pacha pour me convertir à l'islamisme. Le même soir, Mansour partait à dromadaire. Il devait faire le voyage par terre. En distance directe, il y avait d'Abou-Arich à Djedda environ cent vingt-cinq lieues. C'était l'affaire de quinze jours, aller et revenir.

En attendant, j'ordonnai des teintures de scille et de digitale en compresses; puis des pilules de même composition. J'ordonnai les plus grandes précautions dans l'administration de ces pilules.

Dès le lendemain, il y eut soulagement. Au bout de quelques jours, l'hydropisie diminuait sensiblement. Le chérif était heureux et croyait sa femme guérie. Je ne voulais pas qu'il le crût. Je le ramenais donc incessamment à la réalité.

Les médicaments arrivèrent de Djedda le seizième

jour et furent employés. Mais ce que j'avais prévu arriva. Après des alternatives de bien et de mal, la femme mourut au grand désespoir de Husseïn.

Cependant le chérif et moi nous avions pu reprendre nos travaux. Nos travaux, on sait quels ils étaient. Je ne m'y appesantirai donc pas davantage.

Nous fîmes faire des quantités immenses de poudre, et je fis fondre à peu près quatre à cinq mille boulets de tout calibre. L'argile que j'avais mélangée à sa terre l'avait rendue excellente.

Le projet de barrage du détroit fut complétement abandonné, et j'écrivis à mes amis en France pour avoir des ouvriers fondeurs et mécaniciens, et arriver à mes fontes de canons. Je ne reçus jamais de réponse, et le chérif Husseïn attend encore ses ouvriers et ses mécaniciens.

FIN DU PREMIER VOLUME

TABLE

FIN DE LA TABLE DU PREMIER VOLUME

www.ingramcontent.com/pod-product-compliance
Lightning Source LLC
LaVergne TN
LVHW010544110826
845149LV00003B/554

9782019201647